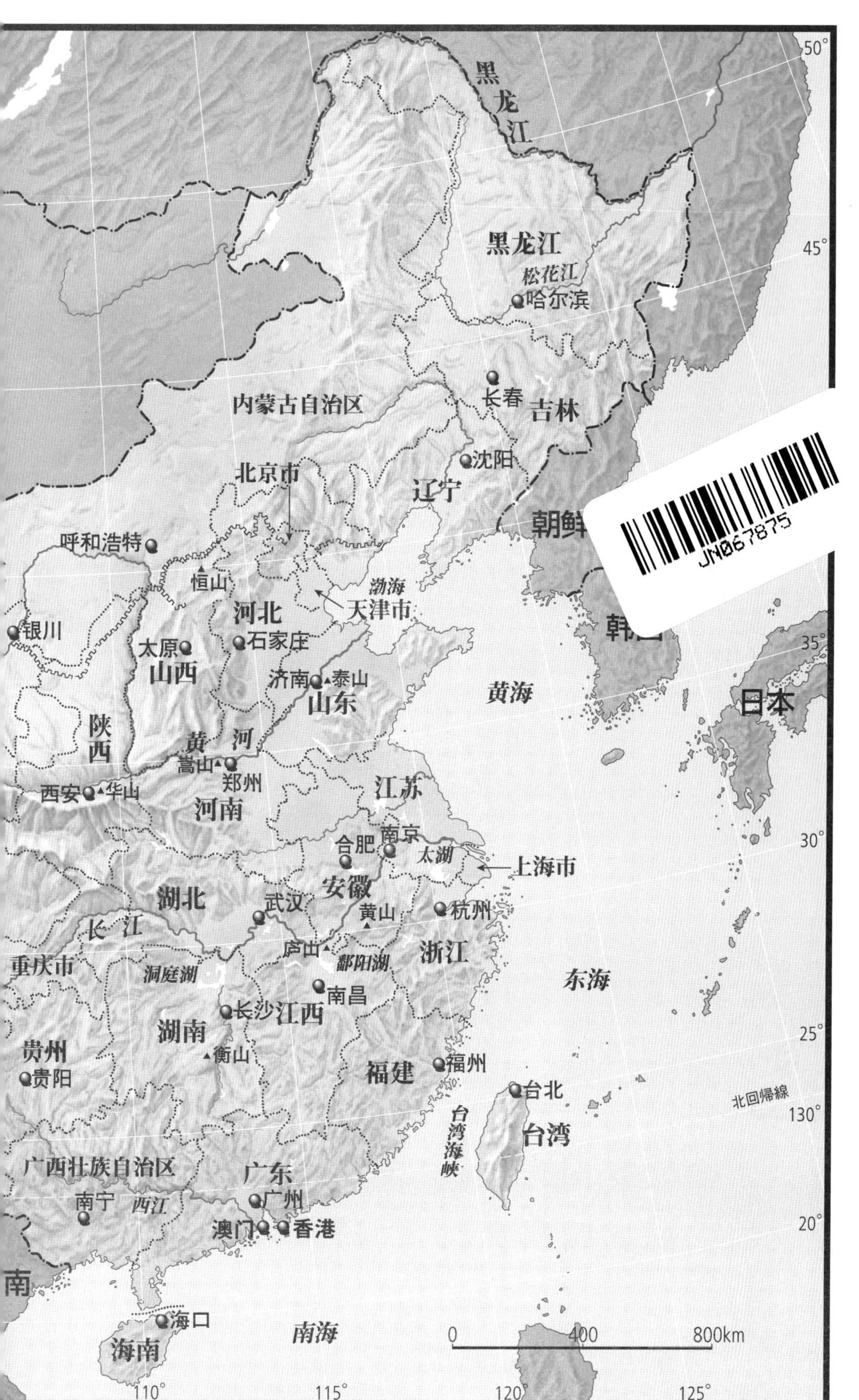

黒龙江
黒龙江
松花江
哈尔滨
内蒙古自治区
长春
吉林
沈阳
北京市
辽宁
朝鲜
呼和浩特
恒山
渤海
天津市
河北
银川
太原
石家庄
韩国
山西
济南
泰山
山东
黄海
日本
陕西
黄河
嵩山
郑州
西安
华山
河南
江苏
合肥
南京
太湖
上海市
湖北
武汉
安徽
黄山
杭州
长江
庐山
鄱阳湖
浙江
重庆市
洞庭湖
东海
南昌
长沙
江西
湖南
贵州
衡山
福建
福州
贵阳
台北
北回帰線
台湾海峡
台湾
广西壮族自治区
广东
广州
南宁
西江
澳门
香港
南
海口
南海
0
400
800km
海南
50°
45°
35°
30°
25°
130°
20°
110°
115°
120°
125°

講読編

読む力・書く力を鍛える 初級中国語

監修　楊 凱栄

著　雷 桂林・賈 黎黎

朝日出版社

音声ダウンロード

音声再生アプリ「リスニング・トレーナー」新登場（無料）

朝日出版社開発のアプリ、「リスニング・トレーナー（リストレ）」を使えば、教科書の音声をスマホ、タブレットに簡単にダウンロードできます。どうぞご活用ください。

まずは「リストレ」アプリをダウンロード

› App Storeはこちら

› Google Playはこちら

アプリ【リスニング・トレーナー】の使い方

❶ アプリを開き、「**コンテンツを追加**」をタップ

❷ QRコードをカメラで読み込む

❸ QRコードが読み取れない場合は、画面上部に **45377** を入力し「Done」をタップします

Webストリーミング音声

http://text.asahipress.com/free/ch/yomukaku

はじめに

中国語初心者の方々を対象に、初級テキスト――会話編『話す力・聞く力を鍛える　初級中国語』と講読編『読む力・書く力を鍛える　初級中国語』――の2冊を企画いたしました。いずれも530語程度収録しており、学び終わった段階でHSK3級（通常600語）に近いレベルになると推定されます。

ストーリーは、三浦法子さんという日本人留学生の北京海淀大学（フィクション）に留学中の見聞となっています。会話編はダイアローグ、講読編は三浦さん視点の語りから構成されています。中秋節の月餅といった伝統文化や、「独身の日」のネットショッピングといった現代の生活スタイルが書かれています。また一時しか使わない流行語は避け、比較的長く使用できるテキストになるよう留意しています。

本書の使い方

会話編で「話す力・聞く力」、講読編で「読む力・書く力」を磨けるように心がけています。2冊とも同じ登場人物となっています。また文法ポイントはほぼ同じで、単語は6割重複しています。大学等の授業で使う方は、週2コマの場合、一方で会話編を使用し、もう一方で講読編を使用することができます。併用する場合は、発音編をリレー形式にして時間を短縮し、説明を簡単に行ったあと、文型練習を中心に基礎を固めることができるでしょう。なお、1冊を授業で使い、もう1冊を参考書やトレーニングブックとして使うこともできます。もちろん、どちらか1冊のみをお使いいただくこともできます。

1課分の内容が多少多いような印象を受けますが、14週間の授業に合わせた11課の分量で構成しています。例えば以下のような使い方を推奨します。

春学期	第1～4回	発音編
	第5～14回	第1課～第5課、総括（2回で1課分）
秋学期	第1回	第1課～第5課の復習
	第2～14回	第6課～第11課、総括（2回で1課分）

本文の内容と文法項目が同じで、単語が6割重複していることから、週2コマを2人の教授者で担当する場合、リレー形式で解説を簡単に行い、より多くの練習時間を与えることで、習熟度を向上させる効果が期待できます。

なお、編集する際、併せて以下のようなことを心がけてきました。

1．文法の段階的な習得を図りつつ、できるだけ自然な口語表現を使いました。会話編では、会話文の前に「ウォーミングアップ（丸ごと覚える表現）」のコーナーを設けました。文法構造の理解は難しいけれど、先に決まり文句として覚えるべき日常表現をピックアップしています。

ウォーミングアップ　丸ごと覚える表現

丸暗記は語学の上達への近道です。講読編でも会話力を高めるべく、短文の最後に問いかけを設けました。会話文も短文も丸暗記しやすくなるように工夫しています。毎回の授業で会話文や短文の暗唱を通して、定着度の向上に繋げられればと考えています。

力だめし

2．“少讲多练”（説明は少なく練習を多く）の原則に基づき、ポイントでは説明の文言を減らし、典型例や関連練習を多く導入しています。また、発音の基礎を固めるべく、トレーニングコーナーでは、会話編も講読編もピンインに声調記号を付ける練習問題を設けています。

3．毎課の最後に、長く中国に滞在してきた日本人教師のコラムを設けています。中国文化の現状や、日中文化の違い、中国人との付き合い方などを日本人の視点から面白く語っています。語学学習の疲れを癒し、中国文化理解への一助となれば幸いです。

本テキストの執筆や校正において、松代章先生から多大なるご協力をいただきました。林清先生、姚偉嘉先生、陳静先生から貴重なコメントを寄せていただきました。出版において、朝日出版社の新美朱理さんにひとかたならぬお骨折りをいただきました。併せて感謝申し上げます。

2022年8月7日　立秋

著 者

CONTENTS もくじ 

発　音

1 声調

◀)) 001

第1声	ā	mā［妈］	高く平らに。
第2声	á	má［麻］	音域の中程から最高点へ。
第3声	ǎ	mǎ［马］	低く押さえる。
第4声	à	mà［骂］	最高点から急速に落とす。

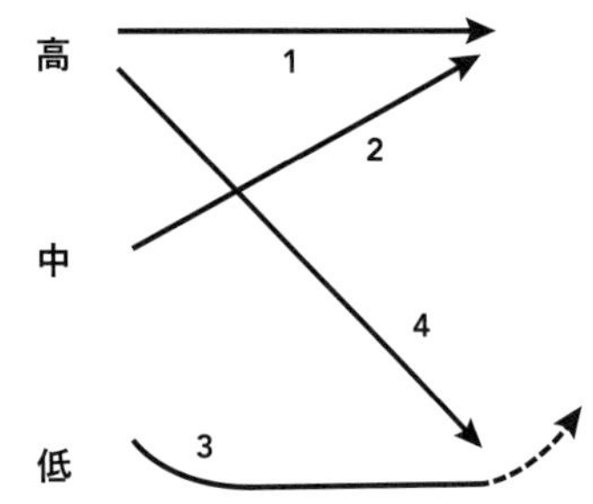

2 単母音

◀)) 002

a		顎を下に引き、口を上下に大きく開ける。
o		唇を丸め、やや突き出す。
e		舌を後ろへ引く。口は若干開いた状態になる。
i	(yi)	口を左右に引ききった状態で発音する。
u	(wu)	唇をすぼめて突き出した状態で発音する。
ü	(yu)	唇の構えはuと同じにし、その状態でiを発音する。舌がuに比べて前寄りになる。

✔（　）は前に子音がないときの綴り。

▶ そり舌母音

er	何も力が入っていない時の構え（舌は口腔の中央部に平たく置かれている状態）から舌先をそり上げる。

練習1 発音してみましょう。 003

ā	á	ǎ	à	à	ǎ	á	ā
ō	ó	ǒ	ò	ò	ǒ	ó	ō
ē	é	ě	è	è	ě	é	ē
-ī	-í	-ǐ	-ì	yì	yǐ	yí	yī
-ū	-ú	-ǔ	-ù	wù	wǔ	wú	wū
-ǖ	-ǘ	-ǚ	-ǜ	yù	yǔ	yú	yū
ēr	ér	ěr	èr	èr	ěr	ér	ēr

練習2 音声を聞いて、ピンインの上に声調記号を書きましょう。 004

① a　② e　③ o　④ yi

⑤ wu　⑥ yu　⑦ er　⑧ a yi

練習3 音声を聞いて、ピンインを書き取りましょう。 005

①（　　　）五　②（　　　）二　③（　　　）一　④（　　　）哦

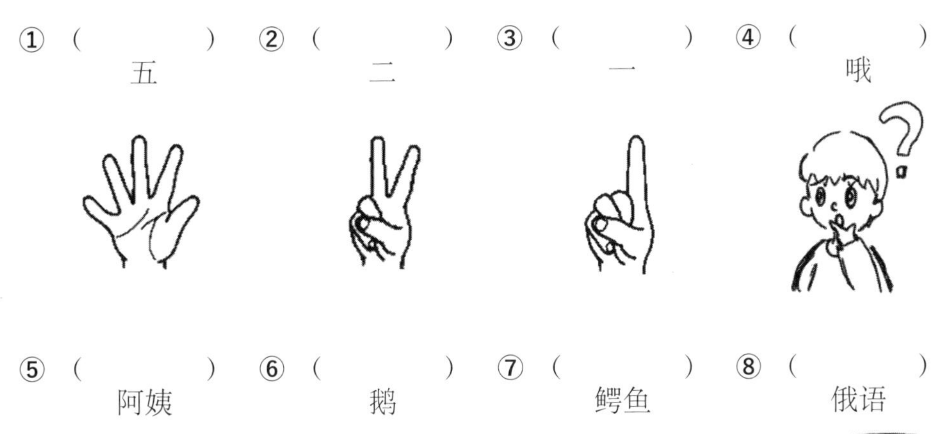

⑤（　　　）阿姨　⑥（　　　）鹅　⑦（　　　）鳄鱼　⑧（　　　）俄语

3 | 子音

🔊 006

	無気音	有気音		
唇音	**b**(o)	**p**(o)	**m**(o)	**f**(o)
舌先音	**d**(e)	**t**(e)	**n**(e)	**l**(e)
舌根音	**g**(e)	**k**(e)	**h**(e)	
舌面音	**j**(i)	**q**(i)	**x**(i)	
そり舌音	**zh**(i)	**ch**(i)	**sh**(i)	**r**(i)
舌歯音	**z**(i)	**c**(i)	**s**(i)	

✔ j、q、x に ü が続くときは u と綴る。

発音してみましょう。 🔊 007

① wǒ［我］　② nǐ［你］　③ tā［他］　④ fó［佛］

⑤ gē［哥］　⑥ dú［读］　⑦ zhū［猪］　⑧ cū［粗］

練習 2 音声を聞いて、子音を書き取りましょう。 🔊 008

①（　　）ā［发］　②（　　）ā［哈］　③（　　）ù［句］　④（　　）á［茶］

⑤（　　）ǐ［洗］　⑥（　　）í［词］　⑦（　　）í［旗］　⑧（　　）ù［酷］

4 | 軽声

🔊 009

単独では発音せず、前の音節に軽く添えるようにする。声調記号はつけない。

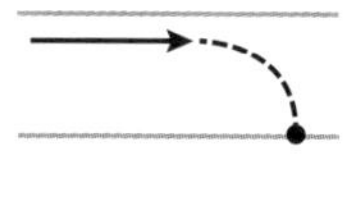

māma［妈妈］
母

yéye［爷爷］
（父方の）祖父

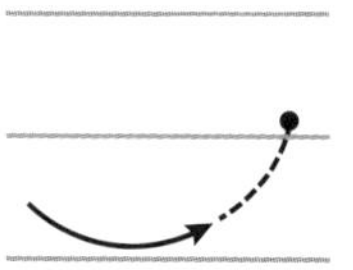

jiějie［姐姐］
姉

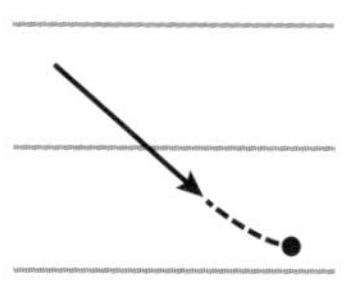

dìdi［弟弟］
弟

声調記号のつけ方

口の開きの大きい方が優先される。a > o、e > i、u、ü

- a があれば a に。 wài、xiǎo
- a がなければ o か e に。 qiē、hóu、guǒ、mèi
- iu, ui の場合は後の音に。 xiū、liú、shuǐ、guì
- i につけるときには上の点を取る。 -ī、-í、-ǐ、-ì

練習 1 発音してみましょう。 010

① bàba［爸爸］ 父

② māma［妈妈］ 母

③ gēge［哥哥］ 兄

④ jiějie［姐姐］ 姉

⑤ dìdi［弟弟］ 弟

⑥ yéye［爷爷］ （父方の）祖父

⑦ nǎinai［奶奶］ （父方の）祖母

⑧ bóbo［伯伯］ （父の兄）伯父

練習 2 音声を聞いて、ピンインの上に声調記号を書きましょう。 011

① shushu［叔叔］ 叔父（父の弟）

② huhu［糊糊］ トウモロコシなどのお粥

③ laoye［姥爷］ （母方の）祖父

④ kuzi［裤子］ ズボン

⑤ keqi［客气］ 遠慮する

⑥ laolao［姥姥］ （母方の）祖母

⑦ haizi［孩子］ 子供

⑧ ta de［她的］ 彼女の

5 複合母音

🔊012

ai	ei	ao	ou	
ia (ya)	ie (ye)	ua (wa)	uo (wo)	üe (yue)
iao (yao)	iou[-iu] (you)	uai (wai)	uei[-ui] (wei)	

✔［　］は前に子音がくるときの綴り。

練習1 発音してみましょう。 🔊013

1-1

① láilì［来历］ 来歴
② hēi fà［黑发］ 黒髪
③ gāojí［高级］ 高級な
④ règǒu［热狗］ ホットドッグ
⑤ xiàchē［下车］ 降車する
⑥ yáchǐ［牙齿］ 歯
⑦ xiétiáo［协调］ 協調する
⑧ yéye［爷爷］ （父方の）祖父
⑨ kāihuā［开花］ 花が咲く
⑩ wáwa［娃娃］ 赤ちゃん
⑪ guójiā［国家］ 国家
⑫ bǎwò［把握］ つかむ
⑬ lüètú［略图］ 略図
⑭ yuèmò［月末］ 月末

1-2

① xiǎo hé［小河］ 小さい川
② xūyào［需要］ 必要としている
③ liúxué［留学］ 留学する
④ méiyǒu［没有］ ない
⑤ qíguài［奇怪］ 不思議である
⑥ wàiguó［外国］ 外国
⑦ Guìlín［桂林］ （中国の地名）桂林
⑧ wēilì［威力］ 威力

練習 2　音声を聞いて、ピンインを書き取りましょう。 014

2-1

① yìb(　　　)［一百］
百

② f(　　　)jī［飞机］
飛行機

③ l(　　　)lì［劳力］
労力

④ zhūr(　　　)［猪肉］
豚肉

⑤ dàj(　　　)［大家］
みなさん

⑥ (　　　)gāo［牙膏］
歯磨き粉

⑦ xiāom(　　　)［消灭］
消滅させる

⑧ (　　　)ye［爷爷］
祖父

⑨ xīg(　　　)［西瓜］
スイカ

⑩ (　　　)zi［袜子］
靴下

⑪ h(　　　)chē［火车］
汽車

⑫ bǔzh(　　　)［捕捉］
捕らえる

⑬ n(　　　)dài［虐待］
虐待する

⑭ (　　　)huì［约会］
デート

2-2

① shuǐn(　　　)［水鸟］
水鳥

② búy(　　　)［不要］
～するな

③ x(　　　)xi［休息］
休憩する

④ zuǒ(　　　)［左右］
～ぐらい

⑤ k(　　　)chē［快车］
急行（列車、バス）

⑥ (　　　)bù［外部］
外部

⑦ h(　　　)sè［灰色］
灰色

⑧ (　　　)lái［未来］
未来

6 鼻母音

◀)) 015

an - ang　　en - eng　　in - ing

ian - iang　　uan - uang　　uen[-un] - ueng
(yan)　(yang)　(wan)　(wang)　(wen)　(weng)

üan - ün　　ong - iong
(yuan)　(yun)　　(yong)

練習 1　発音してみましょう。　◀)) 016

① shàngshān［上山］山に登る　② rénshēng［人生］人生　③ xīnxīng［新星］新しいスター　④ bīngyíng［兵营］兵営

⑤ xiànxiàng［现象］現象　⑥ guānguāng［观光］観光する　⑦ lùnwén［论文］論文　⑧ lǎowēng［老翁］老人

⑨ yuǎnfāng［远方］遠方　⑩ jūnrén［军人］軍人　⑪ zhòngyòng［重用］重用する　⑫ yīngxióng［英雄］英雄

練習 2　音声を聞いて、ピンインを書き取りましょう。　◀)) 017

① Rìb(　　　) 日本　② D(　　　)jīng 东京　③ Dàb(　　　) 大阪　④ Nàil(　　　) 奈良

⑤ Zh(　　　)guó 中国　⑥ Běij(　　　) 北京　⑦ Gùg(　　　) 故宫　⑧ Ch(　　　)ch(　　　) 长城

総合練習 1　音声を聞いて、ピンインを書き取りましょう。　◀)) 018

① Zuǒt(　　　) 佐藤　② L(　　　)mù 铃木　③ Gāoq(　　　) 高桥　④ Tiánzh(　　　) 田中

⑤ Dùb(　　　) 渡边　⑥ Yīt(　　　) 伊藤　⑦ Shānb(　　　) 山本　⑧ Zhōngc(　　　) 中村

⑨ Xiǎol（　　　）⑩ Jiāt（　　　）
小林　加藤

総合練習 2　音声を聞いて、ピンインを書き取りましょう。　019

①（　　　）李　②（　　　）王　③（　　　）张　④（　　　）刘　⑤（　　　）陈

⑥（　　　）杨　⑦（　　　）赵　⑧（　　　）黄　⑨（　　　）周　⑩（　　　）吴

総合練習 3　音声を聞いて、ピンインを書き取り、さらに覚えましょう。　020

（　　　）一　（　　　）二　（　　　）三　（　　　）四　（　　　）五

（　　　）六　（　　　）七　（　　　）八　（　　　）九　（　　　）十

（絵：小笠原 沙織）

隔音記号

a、o、e で始まる音節が続く場合、その前に ’（隔音記号）を付けて、前の音節との切れ目を表す。西安（Xī’ān）

【 中国語音節表 】

子音 / 母音	なし	b	p	m	f	d	t	n	l	g	k	h	j	q	x	zh	ch	sh	r	z	c	s
a	a	ba	pa	ma	fa	da	ta	na	la	ga	ka	ha				zha	cha	sha		za	ca	sa
o	o	bo	po	mo	fo																	
e	e			me		de	te	ne	le	ge	ke	he				zhe	che	she	re	ze	ce	se
-i[ʅ]																zhi	chi	shi	ri			
-i[ɿ]																				zi	ci	si
er	er																					
ai	ai	bai	pai	mai		dai	tai	nai	lai	gai	kai	hai				zhai	chai	shai		zai	cai	sai
ei	ei	bei	pei	mei	fei	dei		nei	lei	gei	kei	hei				zhei		shei		zei		
ao	ao	bao	pao	mao		dao	tao	nao	lao	gao	kao	hao				zhao	chao	shao	rao	zao	cao	sao
ou	ou		pou	mou	fou	dou	tou	nou	lou	gou	kou	hou				zhou	chou	shou	rou	zou	cou	sou
an	an	ban	pan	man	fan	dan	tan	nan	lan	gan	kan	han				zhan	chan	shan	ran	zan	can	san
en	en	ben	pen	men	fen	den		nen		gen	ken	hen				zhen	chen	shen	ren	zen	cen	sen
ang	ang	bang	pang	mang	fang	dang	tang	nang	lang	gang	kang	hang				zhang	chang	shang	rang	zang	cang	sang
eng	eng	beng	peng	meng	feng	deng	teng	neng	leng	geng	keng	heng				zheng	cheng	sheng	reng	zeng	ceng	seng
ong	ong					dong	tong	nong	long	gong	kong	hong				zhong	chong		rong	zong	cong	song
i[i]	yi	bi	pi	mi		di	ti	ni	li				ji	qi	xi							
ia	ya								lia				jia	qia	xia							
ie	ye	bie	pie	mie		die	tie	nie	lie				jie	qie	xie							
iao	yao	biao	piao	miao		diao	tiao	niao	liao				jiao	qiao	xiao							
iou -iu	you			miu		diu		niu	liu				jiu	qiu	xiu							
ian	yan	bian	pian	mian		dian	tian	nian	lian				jian	qian	xian							
in	yin	bin	pin	min				nin	lin				jin	qin	xin							
iang	yang							niang	liang				jiang	qiang	xiang							
ing	ying	bing	ping	ming		ding	ting	ning	ling				jing	qing	xing							
iong	yong												jiong	qiong	xiong							
u	wu	bu	pu	mu	fu	du	tu	nu	lu	gu	ku	hu				zhu	chu	shu	ru	zu	cu	su
ua	wa									gua	kua	hua				zhua	chua	shua				
uo	wo					duo	tuo	nuo	luo	guo	kuo	huo				zhuo	chuo	shuo	ruo	zuo	cuo	suo
uai	wai									guai	kuai	huai				zhuai	chuai	shuai				
uei -ui	wei					dui	tui			gui	kui	hui				zhui	chui	shui	rui	zui	cui	sui
uan	wan					duan	tuan	nuan	luan	guan	kuan	huan				zhuan	chuan	shuan	ruan	zuan	cuan	suan
uen -un	wen					dun	tun		lun	gun	kun	hun				zhun	chun	shun	run	zun	cun	sun
uang	wang									guang	kuang	huang				zhuang	chuang	shuang				
ueng	weng																					
ü	yu							nü	lü				ju	qu	xu							
üe	yue							nüe	lüe				jue	que	xue							
üan	yuan												juan	quan	xuan							
ün	yun												jun	qun	xun							

7 声調の変化

【1】第 3 声の変調 021

第 3 声 ＋ 第 3 声 → 第 2 声 ＋ 第 3 声

〈表記〉		〈発音〉	
nǐ hǎo	→	ní hǎo	［你好］こんにちは
lǎobǎn	→	láobǎn	［老板］店主
zhǎnlǎnguǎn	→	zhánlánguǎn	［展览馆］展覧館

【2】“不 bù”と“一 yī”の変調 022

(1)“不 bù”の変調

bù ＋ 第 1・2・3 声 → bù が第 4 声のままで発音される。

bù hēi	bù bái	bù xiǎo
不黑	不白	不小
黒くない	白くない	小さくない

bù ＋ 第 4 声 → bú ＋ 第 4 声 表記は変調後の声調となる。

bú shì	bú zài	búyào
不是	不在	不要
～ではない	いない	～するな

(2)“一 yī”の変調

✔ 数字のつぶ読み、序数、末尾にくるときは第 1 声のままで発音される。

dì yī míng	yī lóu	bāshí yī
第一名	一楼	八十一
一番	一階	81

✔ yī ＋ 第 1・2・3 声 → yì ＋ 第 1・2・3 声　表記は変調後の声調となる。

yì zhī	yì píng	yì wǎn
一只	一瓶	一碗
一匹	一瓶	一杯

✔ yī ＋ 第 4 声 → yí ＋ 第 4 声　表記は変調後の声調となる。

yící	yílù	yíyàng
一次	一路	一样
一回	道中	同じである

8 儿化音

023

✔ 音節末に舌先を巻き上げて r で発音される現象を「r 化」と呼ぶ。漢字表記は“儿”であり、口語に多く使われる。

huā		huār	niǎo		niǎor
花	→	花儿	鸟	→	鸟儿
花			鳥		

✔ r の前の n、ng および複合母音の i は発音しない。

yìdiǎ*n*r	jì*n*r	kò*ng*r	yǐ*ng*r	wè*i*r	yíhuè*i*r
一点儿	劲儿	空儿	影儿	味儿	一会儿
少し	力	すきま	影	味、におい	ちょっとの間

✔ [ʅ] が [ɤ] となる。

méishì*r*	guǒzhī*r*
没事儿	果汁儿
暇である	ジュース

【品詞名　略称一覧】

略称	日本語	中国語
名	名詞	名词
代	代名詞	代词
動	動詞	动词
形	形容詞	形容词
副	副詞	副词
助動	助動詞	能愿动词
前置	前置詞	介词
疑	疑問代詞	疑问代词
接続	接続詞	连词
感	感動詞	叹词
数	数詞	数词
量	助数詞	量词
数量	数量詞	数量词
助	助詞	助词
接頭	接頭辞	前缀

【本テキストの主要な登場人物】

三浦 法子（Sānpǔ Fǎzǐ）
「北京海淀大学」の日本人留学生

孔 文（Kǒng Wén）
三浦さんの"**语伴**"（yǔbàn）（語学パートナー）

丁 宁（Dīng Níng）
孔文さんの従妹

LESSON 1 第 1 课 他喝咖啡。
Dì yī kè　Tā hē kāfēi.

短文 024

我 姓 三浦，叫 三浦 法子。我 是 日本 留学生。
Wǒ xìng Sānpǔ, jiào Sānpǔ Fǎzǐ. Wǒ shì Rìběn liúxuéshēng.

他 姓 孔，叫 孔 文。孔 文 是 海淀 大学 的
Tā xìng Kǒng, jiào Kǒng Wén. Kǒng Wén shì Hǎidiàn dàxué de

学生，是 我 的 语伴。
xuésheng, shì wǒ de yǔbàn.

孔 文 不 喝 茶，他 喝 咖啡。我 今天 也 喝
Kǒng Wén bù hē chá, tā hē kāfēi. Wǒ jīntiān yě hē

咖啡。
kāfēi.

你贵姓？ 你是日本人吗？
Nǐ guìxìng? Nǐ shì Rìběnrén ma?

你也喝咖啡吗？
Nǐ yě hē kāfēi ma?

単語 025

- 他 tā 代 彼、あの人
- 喝 hē 動 飲む
- 咖啡 kāfēi 名 コーヒー
- 我 wǒ 代 私
- 姓 xìng 動 姓は～である
- 叫 jiào 動 ～と呼ぶ、呼ぶ
- 是 shì 動 ～だ
- 日本 Rìběn 名 日本
- 留学生 liúxuéshēng 名 留学生
- 海淀 Hǎidiàn 名 北京市に位置する市轄区
- 大学 dàxué 名 大学
- 的 de 助 ～の（語句の後ろにつけて名詞の修飾語をつくる、✔第5課ポイント3）
- 学生 xuésheng 名 学生
- 语伴 yǔbàn 名 語学パートナー
- 不 bù 副 ～しない、～ではない
- 茶 chá 名 お茶
- 今天 jīntiān 名 今日
- 也 yě 副 ～も（2つの事柄が同じであることを表す）
- 你 nǐ 代 あなた
- 贵姓 guìxìng 名 お名前、ご芳名（敬辞）
- 日本人 Rìběnrén 名 日本人
- 吗 ma 助 ～か（質問・疑問を表す）

1 動詞述語文

026

主語	+	動詞	+	目的語
我		是		日本留学生。
Wǒ		shì		Rìběn liúxuéshēng.

1) 她[1]是中国人[2]。　Tā shì Zhōngguórén.

2) 我姓三浦。　Wǒ xìng Sānpǔ.

027

1 她 tā 代 彼女、あの人
2 中国人 Zhōngguórén 名 中国人
中国 Zhōngguó 名 中国
3 红茶 hóngchá 名 紅茶
4 巧克力 qiǎokèlì 名 チョコレート
5 吃 chī 動 食べる

早速中国語で書いてみよう

① 私は紅茶[3]を飲みます。
② 彼は日本人です。
③ 彼女はチョコレート[4]を食べます[5]。

2 否定副詞“不”

028

主語	+	“不”	+	動詞	+	目的語
孔文		不		喝		茶。
Kǒng Wén		bù		hē		chá.

1) 她不是老师[6]。　Tā bú shì lǎoshī.

2) 我加[7]柠檬[8]，不加牛奶[9]。　Wǒ jiā níngméng, bù jiā niúnǎi.

029

6 老师 lǎoshī 名 先生、教師
7 加 jiā 動 加える、入れる
8 柠檬 níngméng 名 レモン
9 牛奶 niúnǎi 名 牛乳
10 糖 táng 名 砂糖、飴

早速中国語で書いてみよう

① 彼女は牛乳を飲みません。
② 孔文さんは日本人ではありません。
③ 私は砂糖[10]を入れません。

3 姓名の言い方

🔊030

1) 您[11]贵姓？ Nín guìxìng?

2) 你叫什么[12]名字[13]？ Nǐ jiào shénme míngzi?

3) 我姓佐藤[14]，叫佐藤法子。 Wǒ xìng Zuǒténg, jiào Zuǒténg Fǎzǐ.

🔊031

11 您 nín 代 あなた（敬称）
12 什么 shénme 疑 なに、どんな
13 名字 míngzi 名 名前
14 佐藤 Zuǒténg 名 佐藤（姓の一つ）
15 王 Wáng 名 王（姓の一つ）

早速中国語で書いてみよう

① 私の苗字は王[15]で、王寧といいます。
② 彼女は孔寧といいます。
③ 彼女の苗字は佐藤ではありません。

4 副詞“也”

🔊032

主語	+	“也”	+	動詞	+	目的語
我		也		喝		咖啡。
Wǒ		yě		hē		kāfēi.

1) 她也姓孔。 Tā yě xìng Kǒng.

2) 小[16]王也不加柠檬。 Xiǎo-Wáng yě bù jiā níngméng.

🔊033

16 小 Xiǎo 接頭 ～君、～さん（ちゃん）（単音節に付く）
17 乌龙茶 wūlóngchá 名 ウーロン茶

早速中国語で書いてみよう

① 私もウーロン茶[17]を飲みます。
② 丁寧さんも学生です。
③ 孔さんもチョコレートを食べません。

5 当否疑問文“～吗”

034

平叙文	+	“吗”
你是日本人		吗？
Nǐ shì Rìběnrén		ma?

035

1）您是美国人[18]吗？ Nín shì Měiguórén ma?

2）你是海淀大学的学生吗？ Nǐ shì Hǎidiàn dàxué de xuésheng ma?

18 美国 Měiguó 名 アメリカ
美国人 Měiguórén 名 アメリカ人
19 绿茶 lǜchá 名 緑茶

早速中国語で書いてみよう

① 彼女は緑茶[19]を飲みますか。
② あなたは留学生ですか。
③ 彼は先生ですか。

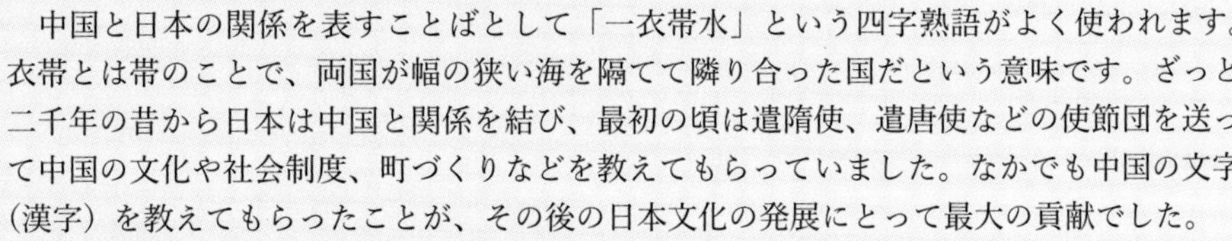

中国と日本——漢字

中国と日本の関係を表すことばとして「一衣帯水」という四字熟語がよく使われます。衣帯とは帯のことで、両国が幅の狭い海を隔てて隣り合った国だという意味です。ざっと二千年の昔から日本は中国と関係を結び、最初の頃は遣隋使、遣唐使などの使節団を送って中国の文化や社会制度、町づくりなどを教えてもらっていました。なかでも中国の文字（漢字）を教えてもらったことが、その後の日本文化の発展にとって最大の貢献でした。

漢字は現在でも両国に共通する文化ツールですから、日本人が中国人との意思疎通に行き詰まったときに筆談を通じて意思を伝えることはかなり有効な手段です。しかし、中国では国民の識字率を向上させるために20世紀の半ば、画数の多い漢字の字画を少なくする簡体字が作られました。たとえば、電車の「電」は“电”「車」は“车”と書かれますし、故郷の「郷」はなんと左の偏“乡”だけでいいのです。中国語を学ぶときはこの簡体字に慣れるというのも大切な学習の一歩です。

TRAINING トレーニングコーナー

1 次のピンインに声調記号を付けて、発音してみましょう。 036

① Ta xing Wang, jiao Wang Meizi.

② Ta bu shi Meiguoren, shi Zhongguoren.

③ Xiao-Wang bu he kafei, he wulongcha.

④ Wo shi Riben liuxuesheng.

⑤ Wo chi qiaokeli, he kafei.

2 上の①～⑤を中国語の簡体字で書き、さらに日本語に訳しましょう。

① ____________ [訳] ....

② ____________ [訳] ....

③ ____________ [訳] ....

④ ____________ [訳] ....

⑤ ____________ [訳] ....

3 正しい順番に並べ替え、さらに日本語に訳しましょう。

① [名字　您　什么　叫]

____________ [訳] ....

② [也　她　孔　孔　姓　叫　宁]

____________ [訳] ....

③ [吃　你　吗　糖]

____________ [訳] ....

④ [是　他　也　日本人　吗]

____________ [訳] ....

⑤ [是　不　留学生　美国　我]

____________ [訳] ....

4 次の日本語を中国語に訳しましょう。

① 彼女も日本人ですか。

____

② 私はウーロン茶を飲みません。

____

③ 私はレモンは入れません。砂糖を入れます。

____

④ 孔さんもチョコレートを食べます。

____

⑤ 私は今日はコーヒーを飲みません。

____

5 次の下線部を埋めて、さらに日本語に訳しましょう。

① 她________日浦，________日浦美加。

她是王子大学的__________，__________我的语伴。

［訳］..............................

② 我是__________人。我________咖啡，________牛奶，不加糖。

［訳］..............................

6 次の絵について、［ ］内の語句を使って作文しましょう。

①

［姓、叫］她 ______________。

②

［加、不加］我 ______________。

③

［吃］你 ______________ 吗？

④

［也、是］他 ______ 韩国人（Hánguórén 韓国人）。

LESSON 2 第2课 Dì èr kè 星期三有时间。

Xīngqīsān yǒu shíjiān.

037

孔文 星期三 有 时间。我 星期三 上午 有 两
Kǒng Wén xīngqīsān yǒu shíjiān. Wǒ xīngqīsān shàngwǔ yǒu liǎng

节 课，下午 没有 安排。
jié kè, xiàwǔ méiyǒu ānpái.

我们 星期三 下午 两 点 见面，一起 学习。
Wǒmen xīngqīsān xiàwǔ liǎng diǎn jiànmiàn, yìqǐ xuéxí.

你也有语伴吗？你的语伴什么时候有空儿？
Nǐ yě yǒu yǔbàn ma? Nǐ de yǔbàn shénmeshíhou yǒu kòngr?

你呢？你们也一起学习吧！
Nǐ ne? Nǐmen yě yìqǐ xuéxí ba!

038

- 星期 xīngqī 名 曜日、週
- 星期三 xīngqīsān 名 水曜日
- 有 yǒu 動 ある、いる
- 时间 shíjiān 名 時間
- 上午 shàngwǔ 名 午前 ⟷ 中午 zhōngwǔ 名 昼、昼の12時前後 ⟷ 下午 xiàwǔ 名 午後
- 两 liǎng 数 数量を言う2
- 节 jié 量 コマ
- 课 kè 名 授業
- 没有 méiyǒu 動 ～がない
- 安排 ānpái 名 予定
- 我们 wǒmen 代 私たち
- 点 diǎn 量 時
- 见面 jiàn//miàn 動 会う
- 一起 yìqǐ 副 一緒に
- 学习 xuéxí 動 勉強する
- 时候 shíhou 名 時
- 空儿 kòngr 名 暇
- 呢 ne 助 ～は？
- 吧 ba 助 ～しよう

1 人称代名詞（複数）

🔊039

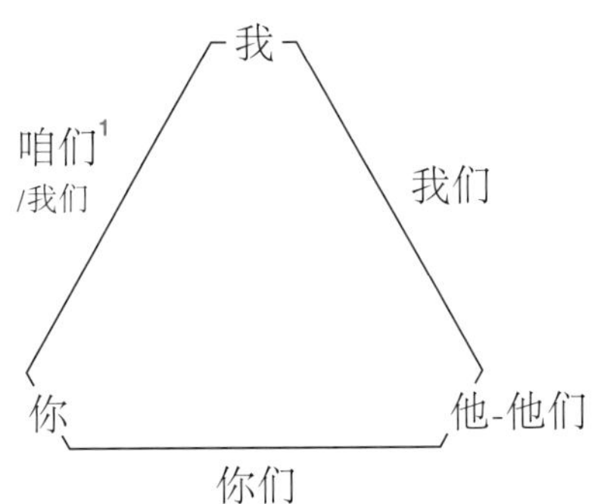

🔊040

1 咱们 zánmen 代（話し手と聞き手の双方を含む）私たち

我 wǒ	我们 wǒmen / 咱们 zánmen
你 nǐ / 您 nín	你们 nǐmen
他 tā / 她 tā / 它 tā	他们 tāmen / 她们 tāmen / 它们 tāmen
谁 shéi	谁 shéi

2 量詞の使い方

🔊041

▶ 数などの言い方

- 零、一、二、三、四、五、六、七、八、九、十／几（いくつ）
  líng yī èr sān sì wǔ liù qī bā jiǔ shí jǐ

  一个[2]（1個）、两个（2個）、三个（3個）、四个（4個）
  yí ge liǎng ge sān ge sì ge

  ……十个（10個）／几个（何個、いくつ）
  shí ge jǐ ge

🔊042

2 个 ge 量 個（人や事物を数えるときに最も広く用いられる量詞）

- 星期一（月曜日）、星期二（火曜日）、星期三（水曜日）
  xīngqīyī xīngqī'èr xīngqīsān

  ……星期六（土曜日）、星期日／星期天（日曜日）／星期几（何曜日）
  xīngqīliù xīngqīrì xīngqītiān xīngqījǐ

- 一点（1時）、两点（2時）、三点（3時）、四点（4時）
  yì diǎn liǎng diǎn sān diǎn sì diǎn

  ……十二点（12時）／几点（何時）
  shí'èr diǎn jǐ diǎn

数詞 ＋ 量詞 ＋ 名詞
两 节 课
liǎng jié kè

1）两个朋友[3] liǎng ge péngyou
2）一台[4]电脑[5] yì tái diànnǎo
3）三杯[6]咖啡 sān bēi kāfēi

3 朋友 péngyou 名 友達
4 台 tái 量 台
5 电脑 diànnǎo 名 コンピュータ
6 杯 bēi 量 杯

3 動詞“有”

🔊043

場所・時間 ＋ “有” ＋ 不定の人や事物
我 星期三上午 有 两节课。
Wǒ xīngqīsān shàngwǔ yǒu liǎng jié kè.

附近[7] 有 （一）个超市[8]。
Fùjìn yǒu (yí) ge chāoshì.

🔊044

7 附近 fùjìn 名 付近
8 超市 chāoshì 名 スーパーマーケット
9 便利店 biànlìdiàn 名 コンビニエンスストア
10 里 li 名 中
11 复印机 fùyìnjī 名 コピー機
12 楼 lóu 名 建物の階、ビル

✔“有”の否定には“没有”を用いる。

1）你星期六有空儿吗？ Nǐ xīngqīliù yǒu kòngr ma?
2）附近没有便利店[9]。 Fùjìn méiyǒu biànlìdiàn.
3）便利店里[10]有两台复印机[11]。 Biànlìdiàn li yǒu liǎng tái fùyìnjī.

早速中国語で書いてみよう

① スーパーにもコピー機はありますか。
② 2階[12]にはパソコンが2台あります。
③ 今日の午前中には暇がありません。

4 疑問詞疑問文

🔊045

你 星期几 有 空儿？ （×你星期几有空儿吗？）
Nǐ xīngqījǐ yǒu kòngr?

🔊046

1）你几点起床[13]？ Nǐ jǐ diǎn qǐchuáng?
2）谁姓李[14]？ Shéi xìng Lǐ?
3）五点半[15]怎么样[16]？ Wǔ diǎn bàn zěnmeyàng?
——好[17]。／没[18]问题[19]。 —— Hǎo. / Méi wèntí.

13 起床 qǐ//chuáng 動 起きる、起床する
14 李 Lǐ 名 李（姓の一つ）
15 半 bàn 数 半、2分の1
16 怎么样 zěnmeyàng 疑 どう
17 好 hǎo 形 よろしい、はい
18 没 méi 動（“没有”の略）～がない、～ていない
19 问题 wèntí 名 問題
20 哪儿 nǎr 代 どこ（✔第4課ポイント1）
21 睡觉 shuì//jiào 動 寝る、“睡”とも言う

早速中国語で書いてみよう

① あなたたちは何を飲みますか。
② どこ[20]にスーパーがありますか。
③ 佐藤さんは何時に寝[21]ますか。

5 省略疑問文"～呢"

047

我 下午 有 空儿， 你 呢？
Wǒ xiàwǔ yǒu kòngr, nǐ ne?

1）我喝牛奶，你呢？ Wǒ hē niúnǎi, nǐ ne?

2）小孔上午有三节课，你呢？ Xiǎo-Kǒng shàngwǔ yǒu sān jié kè, nǐ ne?

早速中国語で書いてみよう

① 私はアイスクリーム[22]を食べます。あなたは？

② 彼はコンピュータを１台持っています。あなたは？

048

22 冰激凌 bīngjīlíng 名 アイスクリーム

6 語気助詞"吧"（1）——相談・提案

049

我们 一起 学习 吧。
Wǒmen yìqǐ xuéxí ba.

1）星期三一起上课[23]吧。 Xīngqīsān yìqǐ shàngkè ba.

2）咱们吃点心[24]吧。 Zánmen chī diǎnxin ba.

050

23 上课 shàngkè 動 授業に出る、授業をする
24 点心 diǎnxin 名 お菓子
25 电视 diànshì 名 テレビ
26 看 kàn 動 見る

早速中国語で書いてみよう

① 一緒にテレビ[25]を見[26]ましょう。

② 飴を食べましょう。

COLUMN

中国と日本——食習慣

われわれが普段口にしている食べ物の中にも、そのルーツは中国にあるというものはたくさんあります。代表的なものといえば、まず豆腐です。これは中国語でも"豆腐 dòufu"ですから、日本語で発音してもまず通じます。

今はスーパーで日本と同じパック入りのものが売られていますが、ちょっと田舎に行くと町の豆腐屋さんが手作りしたものが大きな台に載せられて売られています。売り場のおばさんに重さや大きさを示して買います。

大豆の味わいがつよく残る新鮮な豆腐は本当に美味しい！でも、ここでちょっと気をつけなければならないのは、中国では豆腐は料理の素材として使われる食材で、煮たり揚げたり、必ず火を通してから食べます。日本の冷や奴のようにそのまま生で食べる食べ物ではないのです。生で食べてお腹をこわすこともあります。

反対に、日本に来た中国人が日本ではみんなが生卵を割ってご飯の上にかけて、醤油で味付けして食べるのを見てびっくりしたというのもよく聞く話です。卵も中国では必ず火を通して食べる食材なのですね。

TRAINING トレーニングコーナー

1 次のピンインに声調記号を付けて、発音してみましょう。 051

① Wo xingqiyi shangwu meiyou ke, ni ne?

② Jintian xiawu wo you shijian.

③ Nar you chaoshi?

④ San lou you liang tai fuyinji.

⑤ Xiao-Li xingqitian ji dian you kongr?

2 上の①～⑤を中国語の簡体字で書き、さらに日本語に訳しましょう。

① ＿＿＿＿＿＿＿＿＿＿ ［訳］

② ＿＿＿＿＿＿＿＿＿＿ ［訳］

③ ＿＿＿＿＿＿＿＿＿＿ ［訳］

④ ＿＿＿＿＿＿＿＿＿＿ ［訳］

⑤ ＿＿＿＿＿＿＿＿＿＿ ［訳］

3 正しい順番に並べ替え、さらに日本語に訳しましょう。

① ［一起　咱们　吧　杯　咖啡　喝］

＿＿＿＿＿＿＿＿＿＿ ［訳］

② ［三浦　朋友　两　有　个　中国］

＿＿＿＿＿＿＿＿＿＿ ［訳］

③ ［你　我　呢　电视　下午　看］

＿＿＿＿＿＿＿＿＿＿ ［訳］

④ ［老师　时间　几点　有］

＿＿＿＿＿＿＿＿＿＿ ［訳］

⑤ ［谁　问题　有］

＿＿＿＿＿＿＿＿＿＿ ［訳］

4 次の日本語を中国語に訳しましょう。

① 李さんは日曜日8時に起きます。

____

② 誰が午後に授業がありますか。

____

③ 孔文さんは金曜日に5コマの授業があります。

____

④ 私たちは午後2時に会いましょう。

____

⑤ 私は明日予定がありません。あなたは？

____

5 次の下線部を埋めて、さらに日本語に訳しましょう。

① 佐藤星期五晚上（wǎnshang 夜）________空儿，我星期五也__________安排。我们晚上七点__________，一起________电影（diànyǐng 映画）。

［訳］

② 三楼________一个自习室（zìxíshì 自習室）。自习室里有两________电脑，一________复印机。

［訳］

6 次の絵について、［　］内の語句を使って作文しましょう。

①

［两个］她________妹妹（mèimei 妹）。

②

［没有］小王______________。

③

［什么］你们______________？

④

［吧］____________________。

LESSON 3

第 3 课
Dì sān kè

明天 中秋节。
Míngtiān Zhōngqiūjié.

052

明天 中秋节，我 去 孔 文 家 过节。
Míngtiān Zhōngqiūjié, wǒ qù Kǒng Wén jiā guòjié.

孔 文 家 在 圆明园 旁边。晚上 六 点，我 坐
Kǒng Wén jiā zài Yuánmíngyuán pángbiān. Wǎnshang liù diǎn, wǒ zuò

公交车 去 他 家。
gōngjiāochē qù tā jiā.

明天 孔 文 的 爸爸 做 菜，他 会 做 红烧肉。
Míngtiān Kǒng Wén de bàba zuò cài, tā huì zuò hóngshāoròu.

我 正好 想 吃 红烧肉。
Wǒ zhènghǎo xiǎng chī hóngshāoròu.

你也过中秋节吗？你中秋节做什么菜？
Nǐ yě guò Zhōngqiūjié ma? Nǐ Zhōngqiūjié zuò shénme cài?

053

- 明天 míngtiān 名 明日 ⟷ 昨天 zuótiān 名 昨日
- 中秋节 Zhōngqiūjié 名 中秋節、旧暦の 8 月 15 日
- 节 jié 名 祝祭日
- 去 qù 動 行く ⟷ 来 lái 動 来る
- 家 jiā 名 家
- 过 guò 動 祝う、通る
- 在 zài 動 ある・いる
- 圆明园 Yuánmíngyuán 名 円明園
- 旁边 pángbiān 名 傍ら、そば
- 坐 zuò 動 座る、乗る
- 公交车 gōngjiāochē 名 路線バス
- 爸爸 bàba 名 お父さん
- 做 zuò 動 作る
- 菜 cài 名 おかず、料理
- 会 huì 動 助動 できる、～することができる
- 红烧肉 hóngshāoròu 名 豚肉の醤油煮込み
- 正好 zhènghǎo 副 ちょうど、都合よく
- 想 xiǎng 助動 ～したい

1 名詞述語文

054

主語	+	名詞(句)からなる述語
明天		中秋节。
Míngtiān		Zhōngqiūjié.

1) 今天星期二。 Jīntiān xīngqī'èr.
2) 现在[1]十点零五分[2]。 Xiànzài shí diǎn líng wǔ fēn.
3) 孔文今年[3]十九岁[4]。 Kǒng Wén jīnnián shíjiǔ suì.
4) 明天六月[5]十六号／日[6]。 Míngtiān liù yuè shíliù hào/rì.

055

1 现在 xiànzài [名] 現在、今
2 分 fēn [量] 分
3 今年 jīnnián [名] 今年
4 岁 suì [量] 歳
5 月 yuè [名] 月
6 日 rì [名] 日。話し言葉では "日" のかわりに "号 hào" を用いる。
7 后天 hòutiān [名] 明後日
8 母亲节 Mǔqīnjié [名] 母の日

早速中国語で書いてみよう

① 明日は何曜日ですか。
② 今日は６月１日です。
③ 明後日[7]は母の日[8]です。

2 連動文

056

主語	+	動詞(句)$_1$	+	動詞(句)$_2$
我		去孔文家		过节。
Wǒ		qù Kǒng Wén jiā		guò jié.
她		坐飞机[9]		去上海[10]。
Tā		zuò fēijī		qù Shànghǎi.

1) 我去自习室学习。 Wǒ qù zìxíshì xuéxí.
2) 他去超市买[11]红茶。 Tā qù chāoshì mǎi hóngchá.
3) 我打车[12]去。 Wǒ dǎchē qù.

057

9 飞机 fēijī [名] 飛行機
10 上海 Shànghǎi [名] 上海
11 买 mǎi [動] 買う
12 打车 dǎ//chē [動] タクシーに乗る
13 苹果 píngguǒ [名] リンゴ
14 雨伞 yǔsǎn [名] 雨傘
15 上网 shàng//wǎng [動] インターネットをする

早速中国語で書いてみよう

① 孔文さんはリンゴ[13]を買いに行く。(行ってリンゴを買う)
② 私はコンビニへ傘[14]を買いに行く。(コンビニへ行って、傘を買う)
③ 私たちはインターネット[15]で（インターネットをして）買いましょう。

3 動詞“在”

◀)) 058

特定の人や事物	+	“在”	+	場所
孔文家		在		圆明园旁边。
Kǒng Wén jiā		zài		Yuánmíngyuán pángbiān.

◀)) 059

1) 佐藤的公司[16]在东京[17]。 Zuǒténg de gōngsī zài Dōngjīng.
2) 海淀大学在哪儿？在北京[18]吗？ Hǎidiàn dàxué zài nǎr? Zài Běijīng ma?
3) 他爸爸不在家。 Tā bàba bú zài jiā.

16 公司 gōngsī 名 会社
17 东京 Dōngjīng 名 東京
18 北京 Běijīng 名 北京

早速中国語で書いてみよう
① 丁寧さんは孔文さんのそばにいます。
② あなたのお家はどこですか。
③ 三浦さんは今日本にいません。

4 助動詞“会”(1)——技能・能力

◀)) 060

主語	+	助動詞“会”	+	動詞(句)
他		会		做红烧肉。
Tā		huì		zuò hóngshāoròu.

◀)) 061

1) 小丁会拉[19]二胡[20]。 Xiǎo-Dīng huì lā èrhú.
2) 你会说[21]法语[22]吗？ Nǐ huì shuō Fǎyǔ ma?
—— 我不会。 —— Wǒ bú huì.

19 拉 lā 動 弾く
20 二胡 èrhú 名 二胡
21 说 shuō 動 言う、話す
22 法语 Fǎyǔ 名 フランス語
23 汉语 Hànyǔ 名 中国語、中文 Zhōngwén とも言う
24 饺子 jiǎozi 名 餃子
25 包 bāo 動 包む

早速中国語で書いてみよう
① 三浦さんの友達も中国語[23]が話せます。
② 丁寧さんは餃子[24]が作れません[25]。

5 助動詞“想”

◀)) 062

主語	+	助動詞“想”	+	動詞(句)
我		想		吃红烧肉。
Wǒ		xiǎng		chī hóngshāoròu.

◀)) 063

1) 他想学[26]开车[27]。 Tā xiǎng xué kāichē.
2) 你想学包饺子吗？ Nǐ xiǎng xué bāo jiǎozi ma?

26 学 xué 動 学ぶ、習う
27 开车 kāi//chē 動 運転する
28 留学 liú//xué 動 留学する
29 音乐 yīnyuè 名 音楽
30 听 tīng 動 聞く

早速中国語で書いてみよう
① 中国へ留学[28]に行きたいです。
② 今は音楽[29]を聞き[30]たくないです。

6 親族名称

064

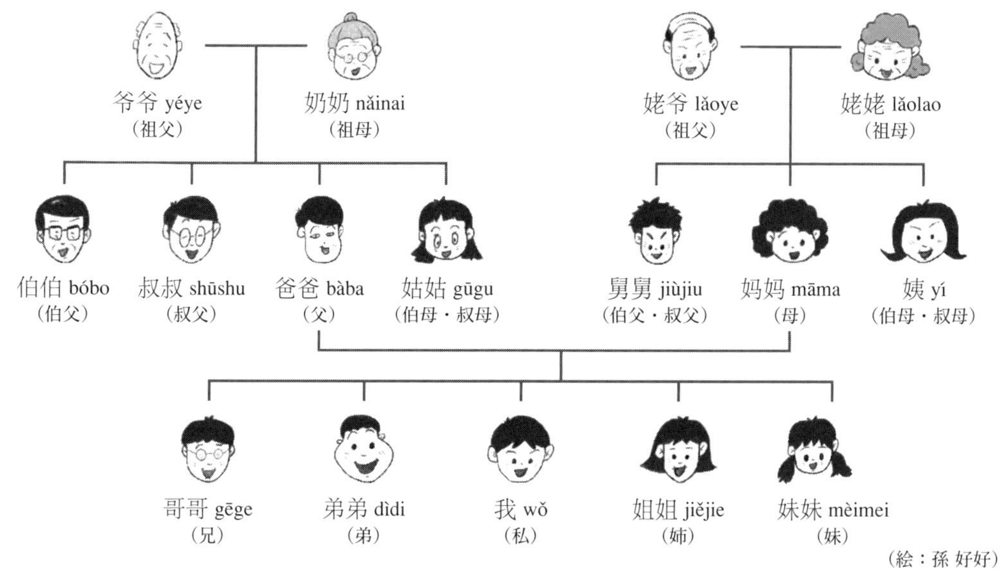

（絵：孫 好好）

▶ "的" の省略

1）"我／你／他"＋親族名称：　我爸爸 wǒ bàba　你弟弟 nǐ dìdi　他哥哥 tā gēge

2）構成員＋所属先：　我们大学 wǒmen dàxué　他们公司 tāmen gōngsī　我家 wǒ jiā

COLUMN

中国と日本――おもてなし

外国からお客さまがいらした時はレストランや自宅で自国の料理をふるまって精一杯おもてなしをするのは両国とも同じです。中華料理の場合はテーブルの上に次々とご馳走が運ばれて、お皿の上にまた別のお皿が重ねられる、なんていうことも珍しくはありません。日本では出されたものはできるだけきれいに食べ尽くす、というのがマナーになっていますが、中国でそんなことをしたら大変です。お客さんがどんどん食べていくので、ホストがあわてて料理を追加する、という場面もよく見られます。中国の伝統的な習慣では、テーブルの上に料理が残っていないというのはとてもよくないことみたいです。

食事中に乾杯をするのも同じですが、日本では普通食事の最初と最後の〆のときくらいですよね。でも、中国人の宴会では座が静かになると必ず誰かが立ち上がって、なにやらお祝いのことばを言って乾杯をします。自分のことで何かを言われたと思ったら、勇気を出してかんたんな中国語でお礼を言うと、きっと喜ばれますよ。

TRAINING トレーニングコーナー

1 次のピンインに声調記号を付けて、発音してみましょう。 065

① Jintian Zhongqiujie, wo qu pengyou jia guo jie.

② Pengyou jia zai women gongsi pangbian.

③ Wanshang qi dian ban, wo zuo gongjiaoche qu.

④ Ta mama hui zuo hongshaorou.

⑤ Wo xiang chi zhongguocai.

2 上の①～⑤を中国語の簡体字で書き、さらに日本語に訳しましょう。

① ＿＿＿＿＿＿＿＿ ［訳］

② ＿＿＿＿＿＿＿＿ ［訳］

③ ＿＿＿＿＿＿＿＿ ［訳］

④ ＿＿＿＿＿＿＿＿ ［訳］

⑤ ＿＿＿＿＿＿＿＿ ［訳］

3 正しい順番に並べ替え、さらに日本語に訳しましょう。

① ［附近　家　孔文　在　圆明园］

＿＿＿＿＿＿＿＿ ［訳］

② ［十九　她　今年　也　岁］

＿＿＿＿＿＿＿＿ ［訳］

③ ［想　她　冰激凌　吃　正好］

＿＿＿＿＿＿＿＿ ［訳］

④ ［家　我　坐　去　公交车　你］

＿＿＿＿＿＿＿＿ ［訳］

⑤ ［开　弟弟　的　小李　也　会　车］

＿＿＿＿＿＿＿＿ ［訳］

4 次の日本語を中国語に訳しましょう。

① 今日は何月何日ですか。

____

② 明日は何曜日ですか。

____

③ 私はコーヒーが飲みたいですが、ケーキ（蛋糕 dàn'gāo）は食べたくありません。

____

④ 丁寧さんも餃子が作れます。

____

⑤ 私の友達は中国にいません。

____

5 次の下線部を埋めて、さらに日本語に訳しましょう。

① 今天＿＿＿＿＿六，我＿＿＿＿＿课。下午我＿＿＿＿＿朋友家玩儿。

［訳］

② 我朋友家＿＿＿＿＿王子大学附近，我＿＿＿＿＿车去。

我朋友的妈妈＿＿＿＿＿做蛋糕，我正好＿＿＿＿＿吃蛋糕。

［訳］

6 次の絵について、［　］内の語句を使って作文しましょう。

①

［星期］明天＿＿＿＿＿＿＿＿。

②

［在］丁宁家＿＿＿＿＿＿＿＿。

③

［去、买］她＿＿＿＿＿＿＿＿。

④

［想］我正好＿＿＿＿＿＿＿＿冰激凌。

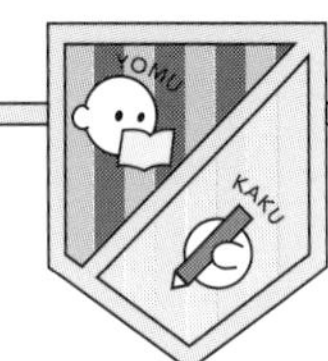

LESSON 4 第4课 Dì sì kè 名字很好听。 Míngzi hěn hǎotīng.

短文 066

今天 我 去 孔 文 家 过 节，孔 文 的 表妹 丁
Jīntiān wǒ qù Kǒng Wén jiā guò jié, Kǒng Wén de biǎomèi Dīng

宁 也 在 那儿。丁 宁 很 可爱，名字 也 好听。
Níng yě zài nàr. Dīng Níng hěn kě'ài, míngzi yě hǎotīng.

孔 文 的 爸爸 和 我 说："我 去 做 饭。法子
Kǒng Wén de bàba hé wǒ shuō: "Wǒ qù zuò fàn. Fǎzǐ

你 先 坐 一会儿，喝 点儿 茶 吧。饭 后 咱们 一起
nǐ xiān zuò yíhuìr, hē diǎnr chá ba. Fàn hòu zánmen yìqǐ

吃 月饼。"
chī yuèbing."

今年 中秋节 你 在 哪儿？
Jīnnián Zhōngqiūjié nǐ zài nǎr?

你 中秋节 也 吃 月饼 吗？
Nǐ Zhōngqiūjié yě chī yuèbing ma?

単語 067

- 很 hěn 副 とても
- 好听 hǎotīng 形 聞いて気持ちがよい、美しい
- 表妹 biǎomèi 名 従妹
- 那儿 nàr 代 そこ、あそこ
- 可爱 kě'ài 形 かわいい
- 和 hé 前置 〜に、〜と
- 饭 fàn 名 ご飯
- 先 xiān 副 まず、先に
- 一会儿 yíhuìr 数量 ちょっとの間、しばらく
- (一)点儿 (yì)diǎnr 数量 少し
- 后 hòu 名 後
- 饭后 fànhòu 食後
- 月饼 yuèbing 名 月餅

1 | 指示詞“这・那・哪”、“这儿・那儿・哪儿”

068

近称	遠称	不定称（疑問詞）
这 zhè （これ、それ）	那 nà （それ、あれ）	哪 nǎ （どれ）
这儿 zhèr 这里 zhèli （ここ、そこ）	那儿 nàr 那里 nàli （そこ、あそこ）	哪儿 nǎr 哪里 nǎli （どこ）

丁宁　也　在　那儿。
Dīng Níng　yě　zài　nàr.

1) 这是中国的绿茶。　Zhè shì zhōngguó de lǜchá.
2) 那是我姐姐的包儿[1]。　Nàshì wǒ jiějie de bāor.
3) 她弟弟不在那儿。　Tā dìdi bú zài nàr.
4) 请问[2]，洗手间[3]在哪儿？　Qǐngwèn, xǐshǒujiān zài nǎr?

069

1 包儿 bāor 名 かばん
2 请问 qǐngwèn おうかがいします
3 洗手间 xǐshǒujiān 名 トイレ
4 礼物 lǐwù 名 プレゼント
5 条 tiáo 量 本
6 河 hé 名 川
7 别人 biéren 代 他人
8 位 wèi 量 名（敬意をもって人を数えるときに用いる）

早速中国語で書いてみよう

① これは誰のプレゼント[4]ですか。
② あそこには一本[5]の川[6]があります。
③ 先生はどこにいらっしゃいますか。

✔ 指示詞を用いて人や事物を指し示すときは、一般に「指示詞（＋数詞）＋量詞＋名詞」の形となる。

5) 那两杯咖啡是别人[7]的。　Nà liǎng bēi kāfēi shì biéren de.
6) 那位[8]老师是孔文的爸爸。　Nà wèi lǎoshī shì Kǒng Wén de bàba.

2 形容詞述語文

070

主語	+	副詞	+	形容詞
这个名字 Zhè ge míngzi		很 hěn		好听。 hǎotīng.
她 Tā		真[9] zhēn		幽默[10]。 yōumò.
今天 Jīntiān		非常[11] fēicháng		忙[12]。 máng.

✔“很”は軽く発音されるとき、程度強調の働きはない。

1) 今天不热[13]。　Jīntiān bú rè.
2) 这个西瓜[14]很甜[15]。　Zhè ge xīguā hěn tián.
3) 那儿的咖啡非常好喝[16]。　Nàr de kāfēi fēicháng hǎohē.

071

9 真 zhēn 副 実に
10 幽默 yōumò 形 ユーモアがある
11 非常 fēicháng 副 非常に
12 忙 máng 形 忙しい
13 热 rè 形 熱い、暑い
14 西瓜 xīguā 名 スイカ
15 甜 tián 形 甘い
16 好喝 hǎohē 形（飲み物が）美味しい

早速中国語で書いてみよう

① 中国語は難し[17]くない。
② コンビニは便利[18]だ。
③ ここの月餅は実に美味しい[19]。

17 难 nán 形 難しい
18 方便 fāngbiàn 形 便利だ
19 好吃 hǎochī 形 美味しい

3 “一会儿”

072

動詞	+	“一会儿”（ほんのしばらく、ちょっとの間）
坐 zuò		一会儿 yíhuìr

1) 你们等[20]一会儿。　Nǐmen děng yíhuìr.
2) 咱们去玩儿[21]一会儿游戏[22]吧。　Zánmen qù wánr yíhuìr yóuxì ba.
3) 咱们看一会儿书[23]吧。　Zánmen kàn yíhuìr shū ba.

✔第 6 課ポイント 5 参照。

073

20 等 děng 動 待つ
21 玩儿 wánr 動 遊ぶ
22 游戏 yóuxì 名 ゲーム
23 书 shū 名 書物、本
24 新闻 xīnwén 名 ニュース
25 休息 xiūxi 動 休憩、休む

早速中国語で書いてみよう

① あなたたちはしばらく遊んでいたら。
② （私は）少しニュース[24]を見ます。
③ ちょっと休みます[25]。

4 "一点儿"

◀)) 074

"一点儿"（少し、少しの） ＋ 名詞
一点儿 茶
yìdiǎnr chá

1) 这是我们的一点儿心意。[26] Zhè shì wǒmen de yìdiǎnr xīnyì.
2) 我去买（一）点儿水果。[27] Wǒ qù mǎi (yì)diǎnr shuǐguǒ.
3) 咱们吃（一）点儿蛋糕吧。 Zánmen chī (yì)diǎnr dàngāo ba.

◀)) 075

26 心意 xīnyì 名 気持ち
27 水果 shuǐguǒ 名 果物
28 水 shuǐ 名 水

早速中国語で書いてみよう

① (これは) ちょっとしたプレゼントです。
② 少し牛乳を入れる。
③ ちょっと水[28]を飲みましょう。

COLUMN

中国の交通事情──バス

バスは中国人にとっては一番身近な乗り物といえるでしょう。中国では通勤、通学に鉄道を利用するということは地下鉄が登場するまではありませんでしたから、その代わりに庶民の足となっていたのが路線バスです。大小を問わず、どの都市でも町中をくまなくバスが走っています。ほとんどのバスはワンマン方式で、乗車の時に運転席脇に備え付けられた料金箱にお金を入れたり、交通カードやスマホをタッチしたりしてお金を払います。均一料金制のところが多く、料金は日本円でいえば30円40円と大変安いと感じます。

そういう日常的な路線バスだけでなく、大概の街にはバスセンターが何か所か設けられていて、市内だけでなく、隣市や他省の観光地に行くバスがいっぱい走っています。中には二日がかりで乗るような路線もあって、旅人にはとても便利な存在です。また、そうした定期路線だけではなく、目的地をフロントガラスに掲げたマイクロバスがあって、これは乗り合い方式でお客さんが満員になると出発するというシステムです。

TRAINING トレーニングコーナー

1 次のピンインに声調記号を付けて、発音してみましょう。 076

① Qingwen, bianlidian zai nar?

② Na shi shei de baor?

③ Zanmen laoshi zhen youmo.

④ Zher de kafei hen haohe.

⑤ Na ge liwu shi wo baba de yidianr xinyi.

2 上の①～⑤を中国語の簡体字で書き、さらに日本語に訳しましょう。

① ＿＿＿＿＿＿＿＿ ［訳］

② ＿＿＿＿＿＿＿＿ ［訳］

③ ＿＿＿＿＿＿＿＿ ［訳］

④ ＿＿＿＿＿＿＿＿ ［訳］

⑤ ＿＿＿＿＿＿＿＿ ［訳］

3 正しい順番に並べ替え、さらに日本語に訳しましょう。

①［那　谁　是　的　书］

＿＿＿＿＿＿＿＿ ［訳］

②［的　包儿　这　个　我　不是］

＿＿＿＿＿＿＿＿ ［訳］

③［我　这　星期天　个　圆明园　去］

＿＿＿＿＿＿＿＿ ［訳］

④［糖　加　一点儿　吧］

＿＿＿＿＿＿＿＿ ［訳］

⑤［咱们　一会儿　游戏　玩儿　吧　饭后］

＿＿＿＿＿＿＿＿ ［訳］

4 次の日本語を中国語に訳しましょう。

① こちらの先生は彼のお父さんですか。

② フランス語は難しいです。

③ あの人は本当にユーモアがあります。

④ このプレゼントは私のほんの気持ちです。

⑤ 私たちはちょっと中国語を勉強しましょう。

5 次の下線部を埋めて、さらに日本語に訳しましょう。

① 他的名字很________，姓________，叫________，“三好学生”（sānhǎo xuésheng 思想・学習・健康とも優れている学生・生徒）的“三好学”。

［訳］

② 今天去同学（tóngxué 同級生）家__________。他妹妹也在家。

他妹妹会说______________汉语，________可爱。

［訳］

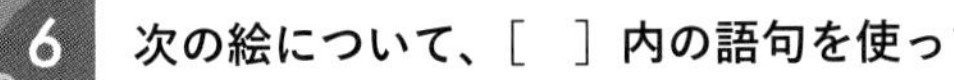

6 次の絵について、［　］内の語句を使って作文しましょう。

①

［这］____块（kuài かたまり）点心是三浦的。

②

［热］这里的夏天（xiàtiān 夏）_______。

③

［一点儿］______________醋（cù 酢）。

④

［一会儿］我____________________。

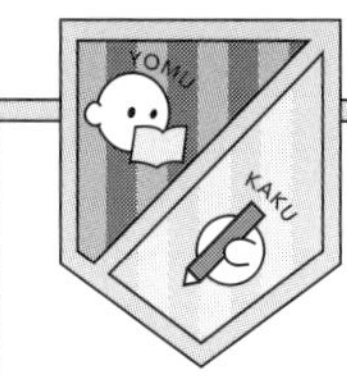

LESSON 5 第5课 Dì wǔ kè 国庆节放七天假。 Guóqìngjié fàng qī tiān jià.

短文 077

国庆节 放 七 天 假，我 想 去 长城 看看。
Guóqìngjié fàng qī tiān jià, wǒ xiǎng qù Chángchéng kànkan.

去 长城 的 路 太 远，好像 没有 直达 的
Qù Chángchéng de lù tài yuǎn, hǎoxiàng méiyǒu zhídá de

公交车。孔 文 国庆节 不 在 北京，他 说：“要不 你
gōngjiāochē. Kǒng Wén Guóqìngjié bú zài Běijīng, tā shuō: “Yàobù nǐ

和 丁 宁 一起 去 吧，她 很 喜欢 玩儿。你 发 个
hé Dīng Níng yìqǐ qù ba, tā hěn xǐhuan wánr. Nǐ fā ge

短信 问问 她。”这 真 是 个 好 主意。
duǎnxìn wènwen tā.” Zhè zhēn shì ge hǎo zhǔyi.

你爬过 长城 吗？
Nǐ pá guo Chángchéng ma?

你知道 长城 怎么走吗？
Nǐ zhīdao Chángchéng zěnme zǒu ma?

単語 078

- 国庆节 Guóqìngjié 名 国慶節
- 放假 fàng//jià 動 休みになる
- 天 tiān 量 日
- 长城 Chángchéng 名 万里の長城
- 路 lù 名 道
- 太 tài 副 すごく、とても
- 远 yuǎn 形 遠い
- 好像 hǎoxiàng 副 まるで～のようだ、～のような気がする
- 直达 zhídá 助 直通する
- 要不 yàobù 続 なんなら
- 喜欢 xǐhuan 動 好きである
- 发 fā 動 送る
- 短信 duǎnxìn 名 ショートメッセージ
- 问 wèn 動 尋ねる、聞く
- 好 hǎo 形 良い
- 主意 zhǔyi 名 考え、話し言葉では zhúyi とも
- 爬 pá 動 登る
- 过 guo 助 ～したことがある
- 知道 zhīdao 動 知っている
- 怎么 zěnme 疑 どう、どのように
- 走 zǒu 動 歩く、行く

POINT ポイント

1 離合動詞

079

離合動詞

国庆节 放[七天]假。
Guóqìngjié fàng [qī tiān] jià.

080

放[几天]假　　打[三天]工[1]

跑[一会儿]步[2]　　散[一会儿]步[3]　　游[一会儿]泳[4]

睡[个]觉　　洗[个]澡[5]　　帮[个]忙[6]

1) 我去睡一会儿觉。　Wǒ qù shuì yíhuìr jiào.

2) 我去帮个忙。　Wǒ qù bāng ge máng.

3) 小李国庆节打五天工。　Xiǎo-Lǐ Guóqìngjié dǎ wǔ tiān gōng.

1 打工 dǎ//gōng 動 アルバイトをする
2 跑步 pǎo//bù 動 駆け足をする。ジョギングする
3 散步 sàn//bù 動 散歩する
4 游泳 yóu//yǒng 動 泳ぐ
5 洗澡 xǐ//zǎo 動 入浴する
6 帮忙 bāng//máng 動 手伝う
7 理发 lǐ//fà 動 散髪する
8 跳舞 tiào//wǔ 動 ダンスをする
9 周末 zhōumò 名 週末

早速中国語で書いてみよう

① ちょっと散髪[7]してくる。("个")
② 少しダンス[8]をしてくる。("一会儿")
③ 週末[9]は 2 日休む。("两天")

2 動詞の重ね型

081

単音節動詞 A→AA　　问 → 问问
wèn　wènwen

看 → 看看
kàn　kànkan

082

二音節動詞 AB→ABAB　　考虑[10] → 考虑考虑
kǎolü　kǎolükǎolü

休息 → 休息休息
xiūxi　xiūxixiūxi

離合動詞 AB→AAB　　跳舞 → 跳跳舞
tiàowǔ　tiàotiàowǔ

帮忙 → 帮帮忙
bāngmáng　bāngbāngmáng

10 考虑 kǎolǜ 動 考える
11 商量 shāngliang 動 相談する
12 尝 cháng 動 味わう

1) 我发个短信问问他。　Wǒ fā ge duǎnxìn wènwen tā.

2) 我和她商量[11]商量。　Wǒ hé tā shāngliang shāngliang.

早速中国語で書いてみよう

① ちょっとこのリンゴを味見[12]してみます。
② ちょっと考えてみます。

3 連体修飾の“的”

083

動詞・形容詞		+	“的”	+	名詞
	去长城 qù Chángchéng		的 de		路 lù
	直达 zhídá		的 de		公交车 gōngjiāochē
	漂亮[13] piàoliang		的 de		衣服[14] yīfu
水果 shuǐguǒ	便宜[15] piányi		的 de		超市 chāoshì

084

13 漂亮 piàoliang 形 きれいである、見事である
14 衣服 yīfu 名 服
15 便宜 piányi 形 安い
16 人 rén 名 人
17 宾馆 bīnguǎn 名 ホテル
18 房间 fángjiān 名 部屋

早速中国語で書いてみよう

① これは父が作った餃子です。
② 二胡を弾いている人[16]は私の先生です。
③ このホテル[17]には安い部屋[18]はありません。

4 “喜欢”の助動詞的用法

085

	“喜欢”	+	動詞(句)
丁宁 Dīng Níng	喜欢 xǐhuan		玩儿。 wánr.

1) 我爸爸喜欢做红烧肉。　Wǒ bàba xǐhuan zuò hóngshāoròu.
2) 你喜欢穿[19]漂亮的衣服吗？　Nǐ xǐhuan chuān piàoliang de yīfu ma?
3) 我姐姐不喜欢抽烟[20]。　Wǒ jiějie bù xǐhuan chōuyān.

086

19 穿 chuān 動 着る
20 抽烟 chōu//yān 動 喫煙する
21 漫画 mànhuà 名 漫画

早速中国語で書いてみよう

① 私はアメリカ映画（を見るの）が好きです。
② あなたは車（を運転するの）が好きですか。
③ 兄は漫画[21]（を読むの）が好きではありません。

5 経験相"～过"

087

	動詞	+	"过"	
你	爬		过	长城吗?
Nǐ	pá		guo	Chángchéng ma?

1) 她爸爸去过香港[22]。 Tā bàba qù guo Xiānggǎng.

2) 孔文的妈妈唱[23]过京剧[24]。 Kǒng Wén de māma chàng guo jīngjù.

3) 我弟弟还[25]没滑过雪[26]。 Wǒ dìdi hái méi huá guo xuě.

早速中国語で書いてみよう

① (私は) 韓国[27]へ行ったことがあります。

② (祖母は) 飛行機に乗ったことがありません。

③ あなたは中国の白酒[28]を飲んだことがありますか。

088

22 香港 Xiānggǎng [名] ホンコン
23 唱 chàng [動] 歌う
24 京剧 jīngjù [名] 京劇
25 还 hái [副] まだ
26 滑雪 huá//xuě [動] スキーをする
27 韩国 Hánguó [名] 韓国
28 白酒 báijiǔ [名] 主に高粱を原料とした中国の蒸留酒

COLUMN

中国の交通事情——地鉄

中国の地下鉄（地鉄）は1969年に北京で開業したのが最初です。それ以来北京、上海の二大都市を中心に新たな路線が次々と開通して、その両市では現在20前後の路線が網み目のように街中を走っています。21世紀になってからは、両市だけでなく地方の大都市にも地下鉄ブームが到来して中国中で建設ラッシュが続いています。

都市交通網の発達が遅れていた中国では、地鉄は市内のみにとどまらず郊外にもその足を延ばしていて、始発駅から終着駅まで50kmを優に超える路線も珍しくありません。そのため市内では地下を走っていた電車が途中から高架式となって地上を走るケースもよく見られます。また起伏が多い土地柄から跨座式モノレールを採用した路線や、スピードアップを図ってリニアモーターカーが走る路線などその地域の特徴にあわせていろいろな電車が走っているのもおもしろいところです。中国を旅行する際、その街の地下鉄に乗ってみるのも楽しみの一つになるでしょう。

TRAINING トレーニングコーナー

1 次のピンインに声調記号を付けて、発音してみましょう。 089

① Wo Guoqingjie da qi tian gong.

② Ni zhoumo fang ji tian jia?

③ Wo mama zhidao nar you pianyi de chaoshi.

④ Ni xihuan kan Riben dianying ma?

⑤ Zanmen zai zher xiuxixiuxi ba.

2 上の①～⑤を中国語の簡体字で書き、さらに日本語に訳しましょう。

① ＿＿＿＿＿＿＿＿ ［訳］

② ＿＿＿＿＿＿＿＿ ［訳］

③ ＿＿＿＿＿＿＿＿ ［訳］

④ ＿＿＿＿＿＿＿＿ ［訳］

⑤ ＿＿＿＿＿＿＿＿ ［訳］

3 正しい順番に並べ替え、さらに日本語に訳しましょう。

①［尝　我　你　尝　点心　买　的］

＿＿＿＿＿＿＿＿ ［訳］

②［她　的　房间　个　这　是　漂亮　的］

＿＿＿＿＿＿＿＿ ［訳］

③［水果　你　吃　喜欢　什么］

＿＿＿＿＿＿＿＿ ［訳］

④［过　韩国　看　你　电影　吗］

＿＿＿＿＿＿＿＿ ［訳］

⑤［我　主意　一个　好　有］

＿＿＿＿＿＿＿＿ ［訳］

4 次の日本語を中国語に訳しましょう。

① 私は王子大学に行ったことがありません。

____

② 王子大学に行く直通のバスはありません。

____

③ ちょっと本を読みましょう。

____

④ 彼女は服を買うのが好きです。

____

⑤ 万里の長城へはどう行けば良いですか。

____

5 次の下線部を埋めて、さらに日本語に訳しましょう。

① 小李________爬山（pá//shān 山登りをする）。他还没去______泰山（Tài Shān 泰山）。元旦（Yuándàn 元旦）放一天______，小李打算（dǎsuan ～するつもりだ）去爬______泰山。

［訳］

② 我也不知道哪儿有__________的宾馆。

我打（dǎ 掛ける、する）个电话（diànhuà 電話）__________我朋友吧。

［訳］

6 次の絵について、［　］内の語句を使って作文しましょう。

①

［喜欢］______________二胡。

②

［猜］你____________我想吃什么。
cāi
当てる

③

［漂亮］她想买个____________包儿。

④

［买、月饼］这是______________。

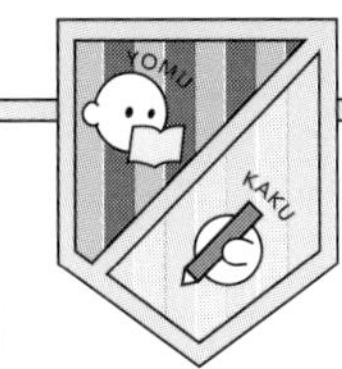

LESSON 6 第6课 Dì liù kè

你是坐缆车上去还是爬上去? Nǐ shì zuò lǎnchē shàngqu háishi pá shangqu?

短文 090

徒步爬长城的话，差不多要三四个小时。
Túbù pá Chángchéng dehuà, chàbuduō yào sānsì ge xiǎoshí.

我跑了两个星期步，体力很好，今天想挑战一下，不坐缆车爬上去。
Wǒ pǎo le liǎngge xīngqī bù, tǐlì hěn hǎo, jīntiān xiǎng tiǎozhàn yíxià, bú zuò lǎnchē pá shangqu.

白天丁宁陪我爬山，晚上我请客，一起去吃北京烤鸭。
Báitiān Dīng Níng péi wǒ páshān, wǎnshang wǒ qǐngkè, yìqǐ qù chī běijīng kǎoyā.

你体力怎么样？你爬长城的时候，是坐缆车上去还是自己爬上去？
Nǐ tǐlì zěnmeyàng? Nǐ pá Chángchéng de shíhou, shì zuò lǎnchē shàngqu háishi zìjǐ pá shangqu?

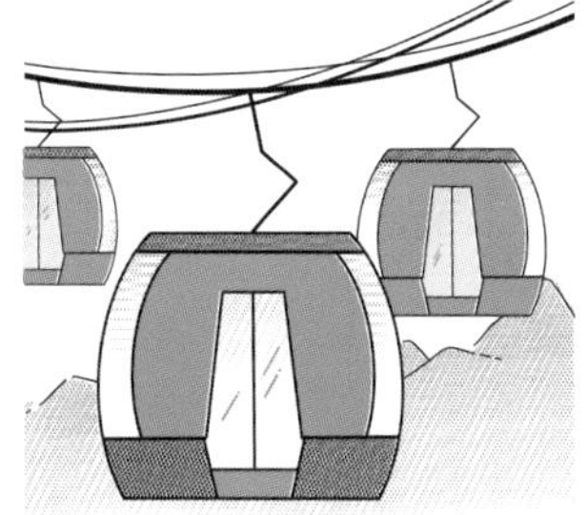

単語 091

- 缆车 lǎnchē 名 ケーブルカー
- 上 shàng 動 上がる、登る
- 还是 háishi 接続 それとも
- 徒步 túbù 副 徒歩で、歩いて
- 的话 dehuà 助 ～ということなら
- 差不多 chàbuduō 副 ほとんど、だいたい
- 要 yào 動 要る
- 小时 xiǎoshí 名（時の経過を数える単位）時間
- 了 le 助 動作・変化の完了を表す
- 体力 tǐlì 名 体力
- 挑战 tiǎozhàn 動 挑戦する
- 下 xià 量 動作の回数を表す
- 一下 yíxià 数量 ちょっと（～する、～してみる）
- 白天 báitiān 名 昼間、日中
- 陪 péi 動 お供をする、付き添う
- 请客 qǐng//kè 動 おごる
- 北京烤鸭 běijīng kǎoyā 北京ダック
- 自己 zìjǐ 代 自分

1 方向動詞・方向補語

092

	进 jìn（入る）	出 chū（出る）	上 shàng（上る）	下 xià（下る）	回 huí（返る）	过 guò（超える）	起 qǐ（上がる）
来 lái	进来 jìnlai	出来 chūlai	上来 shànglai	下来 xiàlai	回来 huílai	过来 guòlai	起来 qǐlai
去 qù	进去 jìnqu	出去 chūqu	上去 shàngqu	下去 xiàqu	回去 huíqu	过去 guòqu	—

093

1) 我想自己爬上去。 Wǒ xiǎng zìjǐ pá shangqu.

2) 姐姐拿[1]来一盒[2]点心。 Jiějie ná lai yì hé diǎnxīn.

3) 这是你的电脑吗？搬[3]回自己房间去。（× 搬回去自己房间了）
Zhè shì nǐ de diànnǎo ma? Bān hui zìjǐ fángjiān qu.

1 拿 ná 動 持つ、運ぶ
2 盒 hé 量 箱
3 搬 bān 動 運ぶ
4 教室 jiàoshì 名 教室

早速中国語で書いてみよう

① 歩いて降りていきましょう。
② 三浦さんはショートメッセージを一つ送ってきた。
③ 先生が（歩きながら）教室[4]へ入ってきた。

2 選択疑問文の“还是”

094

	動詞(句)$_1$	+	“还是”	+	動詞(句)$_2$	（× 还是～吗？）
你 Nǐ	(是)坐缆车上去 (shì)zuò lǎnchē shàngqu		还是 háishi		爬上去？ pá shangqu?	

1) 你加柠檬还是加糖？ Nǐ jiā níngméng háishi jiā táng?

2) 你看电视还是看报纸[5]？ Nǐ kàn diànshì háishi kàn bàozhǐ?

3) 他是老师还是学生？ Tā shì lǎoshī háishi xuésheng?
（× 他是老师还是是学生？同音衝突回避）

早速中国語で書いてみよう

095

① 車を運転して行きますか、それともバスで行きますか。
② タクシーで行きますか、それとも地下鉄[6]で行きますか。
③ 餃子を食べますか、それとも豚肉の醤油煮込みを食べますか。

5 报纸 bàozhǐ 名 新聞
6 地铁 dìtiě 名 地下鉄

3 仮定表現"～的话"

096

仮定の状況	＋ "的话"	
爬长城	的话，	要三四个小时。
Pá Chángchéng	dehuà,	yào sān sì ge xiǎoshí.

097

1) 坐地铁去的话，要二十分钟[7]。 Zuò dìtiě qù dehuà, yào èrshí fēnzhōng.

2) 想去的话，请[8]和我联系[9]。 Xiǎng qù dehuà, qǐng hé wǒ liánxì.

7 钟 zhōng 名 時間を表す
8 请 qǐng 動 どうぞ～してください（敬辞）
9 联系 liánxì 動 連絡する
10 贵 guì 形（値段が）高い

早速中国語で書いてみよう

① 車を運転して行くなら、とても便利。

② 高い[10]なら、買わない。

4 時間幅の表現

098

七天	一个星期	两个月	三年
qī tiān	yí ge xīngqī	liǎng ge yuè	sān nián

十分钟	五个半小时
shí fēnzhōng	wǔ ge bàn xiǎoshí

	動詞	＋ 時間幅の表現（動作・変化の持続時間）
咱们	休息	五分钟。
Zánmen	xiūxi	wǔ fēnzhōng.

099

1) 我开了三个小时车。 Wǒ kāi le sān ge xiǎoshí chē.

2) 姐姐打扫[11]了一个小时房间。 Jiějie dǎsǎo le yí ge xiǎoshí fángjiān.

11 打扫 dǎsǎo 動 掃除する

早速中国語で書いてみよう

① 弟は1時間遊んでいた。

② 三浦さんは3年間二胡を習っていた。

5 動詞接尾辞"了"——動作・変化の完了

100

	動詞	＋ 動詞接尾辞"了"	（＋数量表現）
我	跑	了	两个星期步。
Wǒ	pǎo	le	liǎng ge xīngqī bù.

101

1) 昨天下[12]了一场[13]雪[14]。 Zuótiān xià le yì cháng xuě.

2) 她游[15]了三公里[16]。 Tā yóu le sān gōnglǐ.

3) 爸爸瘦[17]了五公斤[18]。 Bàba shòu le wǔ gōngjīn.

12 下 xià 動 降る
13 场 cháng 回、ひとしきり
14 雪 xuě 名 雪
15 游 yóu 動 泳ぐ
16 公里 gōnglǐ 量 キロメートル
17 瘦 shòu 形 やせる、やせている
18 公斤 gōngjīn 量 キログラム

早速中国語で書いてみよう

① 彼は絵[19]を２枚[20]描[21]いた。
② 母は料理を６品作った。
③ 彼は今日饅頭[22]を買わなかった。

19 **画儿** huàr 名 絵
20 **张** zhāng 量 枚、脚
21 **画** huà 動 描く
22 **包子** bāozi 名 (中華) 饅頭

6 "一下"

102

	動詞	＋	"一下"
我想	挑战		一下。
Wǒ xiǎng	tiǎozhàn		yíxià.

103

1) 我看一下时间。 Wǒ kàn yíxià shíjiān.
2) 我去一下图书馆[23]。 Wǒ qù yíxià túshūguǎn.
3) 请擦[24]一下桌子[25]。 Qǐng cā yíxià zhuōzi.

23 **图书馆** túshūguǎn 名 図書館
24 **擦** cā 動 拭く、ぬぐう
25 **桌子** zhuōzi 名 机、テーブル
26 **试** shì 動 試みる、試す

早速中国語で書いてみよう

① ちょっと部屋を掃除する。
② ちょっと出かける。（出ていく）
③ ちょっと試[26]してみる。

中国の交通事情——高鉄

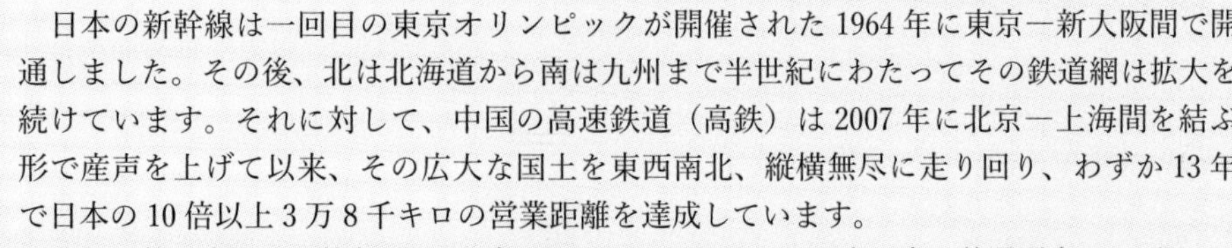

日本の新幹線は一回目の東京オリンピックが開催された1964年に東京―新大阪間で開通しました。その後、北は北海道から南は九州まで半世紀にわたってその鉄道網は拡大を続けています。それに対して、中国の高速鉄道（高鉄）は2007年に北京―上海間を結ぶ形で産声を上げて以来、その広大な国土を東西南北、縦横無尽に走り回り、わずか13年で日本の10倍以上3万8千キロの営業距離を達成しています。

それ以前の中国では旅行といえば4人から6人のボックス席で座る普通列車か、2段ベッド3段ベッドが備わった寝台列車で移動するのが当たり前でした。目的地まで丸2日3日乗り続けることも珍しくありませんでした。そうした状況にぴったり合ったのが高鉄だったのでしょう、現在では中国中の主要都市が無数の編み目となって高鉄路線で結ばれています。一例を挙げると、国土の中央に位置して交通の要所と言われている湖北省の武漢駅の高鉄ホームは1番線から20番線までずらっと横に並んでいて、まさに壮観です。

TRAINING トレーニングコーナー

1 次のピンインに声調記号を付けて、発音してみましょう。 104

① Wo baba mingtian hui Meiguo qu.

② Shei zai fangjian li? Ni jinqu kankan.

③ Qing dasao yixia jiaoshi.

④ Shangwu xia le yi chang xue.

⑤ Zanmen kan yi ge xiaoshi dianshi ba.

2 上の①～⑤を中国語の簡体字で書き、さらに日本語に訳しましょう。

① ＿＿＿＿＿＿ [訳] ＿＿＿＿＿＿

② ＿＿＿＿＿＿ [訳] ＿＿＿＿＿＿

③ ＿＿＿＿＿＿ [訳] ＿＿＿＿＿＿

④ ＿＿＿＿＿＿ [訳] ＿＿＿＿＿＿

⑤ ＿＿＿＿＿＿ [訳] ＿＿＿＿＿＿

3 正しい順番に並べ替え、さらに日本語に訳しましょう。

① [北京　他　陪　我　去]

＿＿＿＿＿＿ [訳] ＿＿＿＿＿＿

② [二楼　上　去　你　吧]

＿＿＿＿＿＿ [訳] ＿＿＿＿＿＿

③ [小李　了　睡　一个　下午]

＿＿＿＿＿＿ [訳] ＿＿＿＿＿＿

④ [缆车　上　去　我　坐]

＿＿＿＿＿＿ [訳] ＿＿＿＿＿＿

⑤ [走　来　进　房间　爷爷　奶奶　和]

＿＿＿＿＿＿ [訳] ＿＿＿＿＿＿

4 次の日本語を中国語に訳しましょう。

① あなたは体力はどうですか。

____

② お父さんは今日白酒を 5 杯飲みました。

____

③ あなたは中国人ですか、それとも日本人ですか。

____

④ 私は昨日 10 時間寝ました。

____

⑤（あなたは）ちょっと考えてください。

____

5 次の下線部を埋めて、さらに日本語に訳しましょう。

① 开车去上海__________，差不多__________八个小时。我们这次（zhècì このたび）辛苦（xīnkǔ 骨を折る、苦労をかける）________，自己开车去吧。

［訳］

② 你________我去上海，回________后我________客。

［訳］

6 次の絵について、［ ］内の語句を使って作文しましょう。

①

［下］请你 ______________。

②

［出］请你 ______________。

③

［商量、一下］我们 ______________。

④

［了］她 ______________ 饺子。

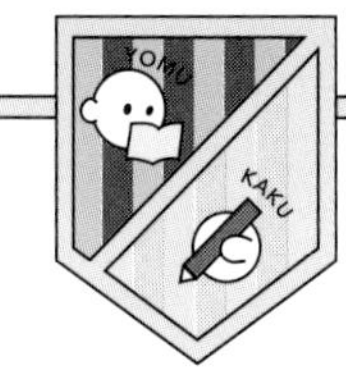

LESSON 7 第7课 Dì qī kè 终于爬上去了。 Zhōngyú pá shangqu le.

短文 105

爬长城太不容易了，花了三个多小时，
Pá Chángchéng tài bù róngyì le, huāle sān ge duō xiǎoshí,

我和丁宁终于爬上去了。
wǒ hé Dīng Níng zhōngyú pá shangqu le.

秋天是北京最美的季节，长城上有人在
Qiūtiān shì Běijīng zuì měi de jìjié, Chángchéng shang yǒurén zài

拍电影。从上面往下拍，风景会特别漂亮吧。
pāi diànyǐng. Cóng shàngmiàn wǎngxià pāi, fēngjǐng huì tèbié piàoliang ba.

我们也在长城上用手机拍了张合影。
Wǒmen yě zài Chángchéng shang yòng shǒujī pāi le zhāng héyǐng.

你也喜欢拍照吗？你知道拍照的时候
Nǐ yě xǐhuan pāizhào ma? Nǐ zhīdao pāizhào de shíhou

说什么吗？一、二、三、茄子！
shuō shénme ma? Yī, èr, sān, qiézi!

単語 106

- 终于 zhōngyú 副 ついに
- 了 le 助 語気助詞（状況の変化や新しい事態の発生を表す）
- 太~了 tài~le あまりにも～だ（過度に程度が甚だしいことを表す）
- 容易 róngyì 形 やさしい
- 花 huā 動 つかう、消費する
- 多 duō 数 ～余り
- 秋天 qiūtiān 名 秋
- 最 zuì 副 最も
- 美 měi 形 美しい
- 季节 jìjié 名 季節
- 上 shang 名 上
- 有人 yǒu rén ある人、誰か
- 在 zài 前置 ～で、～に、副 ～している
- 拍 pāi 動（写真を）撮る、（映画を）撮影する
- 从 cóng 前置 ～から
- 上面 shàngmiàn 名 上の方
- 往 wǎng 前置 ～の方へ
- 下 xià 名 下の方
- 风景 fēngjǐng 名 景色
- 会 huì 助動 ～するであろう
- 特别 tèbié 副 特別に
- 吧 ba 助 ～でしょう
- 用 yòng 前置 ～で
- 手机 shǒujī 名 携帯電話
- 合影 héyǐng 名 2人以上の人が一緒に写っている写真
- 拍照 pāi//zhào 動 写真を撮る
- 茄子 qiézi 名 茄子

1 文末助詞“了”——変化

🔊107

動詞句など	+	文末助詞“了”
终于爬上去		了。
Zhōngyú pá shangqu		le.

1) 春天[1]了。 Chūntiān le.

2) 妹妹三年级[2]了。 Mèimei sān niánjí le.

3) 小李去洗手间了。 Xiǎo-Lǐ qù xǐshǒujiān le.

🔊108

1 春天 chūntiān 名 春
2 年级 niánjí 名 学年
3 雨 yǔ 名 雨
4 停 tíng 動 止む、止める
5 天津 Tiānjīn 名 天津
6 到 dào 動 着く、達する

早速中国語で書いてみよう

① 雨[3]が止[4]んだ。

②（日付が）20 日になった。

③ 彼らは天津[5]に着[6]いた。

2 副詞“在”

🔊109

	“在”	+	動詞（句）
有人	在		拍电影。
Yǒu rén	zài		pāi diànyǐng.

1) 爸爸在看报纸。 Bàba zài kàn bàozhǐ.

2) 你在吃什么？ Nǐ zài chī shénme?
—— 我在吃草莓[7]。 —— Wǒ zài chī cǎoméi.

🔊110

7 草莓 cǎoméi 名 イチゴ
8 歌儿 gēr 名 歌

早速中国語で書いてみよう

① 兄は歌[8]を歌っている。

② 弟はショートメッセージを送っている。

3 前置詞“从”

◀)) 111

前置詞“从”	+	場所詞など	+	動詞(句)
从		上面		往下拍
cóng		shàngmiàn		wǎng xià pāi

◀)) 112

1) 她从韩国出发[9]了。 Tā cóng Hánguó chūfā le.

2) 他是从美国来的客人[10]。 Tā shì cóng Měiguó lái de kèren.

9 出发 chūfā 動 出発する
10 客人 kèren 名 客
11 学校 xuéxiào 名 学校
12 林 Lín 名 林（姓の一つ）

早速中国語で書いてみよう

① 妹は学校[11]から帰ってきた。

② 林[12]（はやし）さんは日本から来た友達です。

4 助動詞“会”(2)——推測・可能性

◀)) 113

	助動詞“会”	+	動詞・形容詞(句)
风景	会		特别漂亮吧。
Fēngjǐng	huì		tèbié piàoliang ba.

◀)) 114

1) 傍晚[13]风[14]会停吧？ Bàngwǎn fēng huì tíng ba?

2) 他一定[15]不会来。 Tā yídìng bú huì lai.

13 傍晚 bàngwǎn 名 夕方
14 风 fēng 名 風
15 一定 yídìng 副 きっと、必ず
16 明年 míngnián 名 来年

早速中国語で書いてみよう

① 明日雪が降るはずです。

② 彼は来年[16]中国へ行くはずはない。

5 語気助詞“吧”(2)——推測・確認

◀)) 115

风景会	特别	漂亮	吧。
Fēngjǐng huì	tèbié	piàoliang	ba.

1) 你是日本人吧？ Nǐ shì Rìběnrén ba?

2) 下午不下雨吧？ Xiàwǔ bú xià yǔ ba?

早速中国語で書いてみよう

① 明日あなたは授業がありますよね。

② 彼女のお父さんは大学の先生ですよね。

6 前置詞“在”

116

	“在”	+ 場所詞	+ 動詞(句)
我们	在	长城上	拍了张合影。
Wǒmen	zài	Chángchéng shang	pāi le zhāng héyǐng.

117

1) 田中[17]在图书馆打工。　Tiánzhōng zài túshūguǎn dǎgōng.

2) 她姐姐不在那儿工作[18]。　Tā jiějie bú zài nàr gōngzuò.

17 田中 Tiánzhōng 名 田中（姓の一つ）

18 工作 gōngzuò 動 働く、仕事をする

19 麦当劳 Màidāngláo 名 マクドナルド

20 聊天儿 liáo//tiānr 動 世間話をする

早速中国語で書いてみよう

① 佐藤さんは夜マクドナルド[19]で食事をする。

② 彼らは教室でおしゃべり[20]している。

COLUMN

中華料理

今中国では日本料理が一大ブームになっています。多くの街にすき焼きやてんぷらを看板メニューにしたお店があります。もちろん一番の人気はお寿司で、回転ずし屋さんも珍しくはありません。反対に日本では中華料理屋がいっぱいありますね。ラーメン専門店も入れたら、日本でもっとも人気のある料理かもしれません。しかし、日本ではどこにでも日本料理屋があるのに対して、中国には「中華料理屋」を名乗る店はありません。

中国の料理屋は、中国家庭菜を名乗る家庭料理の店の他はそれぞれの料理の特徴を表す地名を冠した店が多いようです。有名なのは北京料理、上海料理、広東料理、四川料理などです。それ以外にも、たとえば浙江省を旅行すると浙江料理、それが更に分割されて杭州料理、紹興料理、寧波料理、温州料理と使われる食材や味付けの特色によって分別されお店の看板になっています。中国を旅する時の大きな楽しみは、その土地の名を冠した地元の料理屋に入って、そこの名物料理を堪能することだと思います。

TRAINING トレーニングコーナー

1 次のピンインに声調記号を付けて、発音してみましょう。 118

① Jintian wu hao le.

② Wo mama bu zai zher gongzuo.

③ Wo meimei zai xuexi.

④ Kong Wen shi cong Beijing lai de liuxuesheng.

⑤ Mingnian ta yiding hui hui Shanghai.

2 上の①～⑤を中国語の簡体字で書き、さらに日本語に訳しましょう。

① ＿＿＿＿＿＿＿＿ ［訳］

② ＿＿＿＿＿＿＿＿ ［訳］

③ ＿＿＿＿＿＿＿＿ ［訳］

④ ＿＿＿＿＿＿＿＿ ［訳］

⑤ ＿＿＿＿＿＿＿＿ ［訳］

3 正しい順番に並べ替え、さらに日本語に訳しましょう。

① ［上来　我们　爬　终于　了］

＿＿＿＿＿＿＿＿ ［訳］

② ［秋天　春天　和　最好　季节　的　是　东京］

＿＿＿＿＿＿＿＿ ［訳］

③ ［在　有人　那儿　跳舞］

＿＿＿＿＿＿＿＿ ［訳］

④ ［从　上　下面　拍　不　往　容易］

＿＿＿＿＿＿＿＿ ［訳］

⑤ ［拍　我们　一张　合影　了］

＿＿＿＿＿＿＿＿ ［訳］

4 次の日本語を中国語に訳しましょう。

① 彼女の弟は 18 歳になりました。

____

② 田中さんは中国語を勉強しています。

____

③ 姉はあそこで写真を撮っています。

____

④ 私は中国から来た留学生です。

____

⑤ 明日は日曜日です。彼女は学校に行かないはずです。

____

5 次の下線部を埋めて、さらに日本語に訳しましょう。

① 冬天（dōngtiān 冬）是哈尔滨（Hā'ěrbīn ハルビン）时间______长（cháng 長い）的季节。哈尔滨的冬天______冷（lěng 寒い）______，零下三四十度（dù 度）！

［訳］..

② 有人_____那儿_____手机拍照，我们也想在那儿拍张合影。一定_____很漂亮。

［訳］..

6 次の絵について、［ ］内の語句を使って作文しましょう。

①

［了］我 ________________。

②

［在］他们 ________________。

③

［在］他 ________________。

④

［会、吧］下午 ______ 忙 ______？

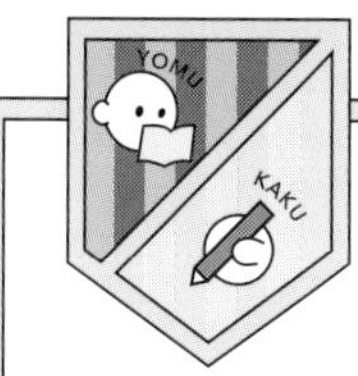

LESSON 8 第8课 Dì bā kè

"双十一"比平时便宜。
"Shuāng shíyī" bǐ píngshí piányi.

短文 119

今年"双十一"我买了副蓝牙耳机。耳机打八折，便宜了三十块。
Jīnnián "Shuāng shíyī" wǒ mǎi le fù lányá ěrjī. Ěrjī dǎ bā zhé, piányi le sānshí kuài.

孔文给丁宁买了两盒面膜，他还给他妈妈买了盒抹茶点心。他妈妈一定会说："你又乱花钱了。"
Kǒng Wén gěi Dīng Níng mǎi le liǎng hé miànmó, tā hái gěi tā māma mǎi le hé mǒchá diǎnxin. Tā māma yídìng huì shuō: "Nǐ yòu luàn huā qián le."

"双十一"一般比平时便宜，你也买什么了吧？
"Shuāng shíyī" yìbān bǐ píngshí piányi, nǐ yě mǎi shénme le ba?

単語 120

- 双十一 Shuāng shíyī 11月11日、独身の日
- 比 bǐ 前置 ～より
- 平时 píngshí 名 ふだん、平素
- 副 fù 量 対（セットや組になっているものに用いる）
- 蓝牙 lányá 名 ブルートゥース
- 耳机 ěrjī 名 イヤホン
- 打折 dǎ//zhé 動 割引する
- 块 kuài 量 元
- 给 gěi 前置 ～に
- 面膜 miànmó 名 フェイシャルパック
- 还 hái 副 そのうえ、さらに
- 抹茶 mǒchá 名 抹茶
- 又 yòu 副 また
- 乱 luàn 副 みだりに、でたらめに
- 钱 qián 名 金
- 一般 yìbān 形 普通である
- 什么 shénme 疑 なにか（不定の事物をさす）

1 前置詞“比”

121

A	+	“比”	+	B	+	形容詞(句)
“双十一”		比		平时		便宜。
“Shuāng shíyī”		bǐ		píngshí		piányi.

122

1) 地铁比公交车快[1]。 Dìtiě bǐ gōngjiāochē kuài.

2) 今天比昨天凉快[2]。 Jīntiān bǐ zuótiān liángkuai.

比較文の否定は、通常“B ＋“没有”＋ A ＋形容詞（句）”の形となる。

3) 公交车没有地铁快。 Gōngjiāochē méiyǒu dìtiě kuài.

4) 昨天没有今天凉快。 Zuótiān méiyǒu jīntiān liángkuai.

1 快 kuài 形 速い、副 早く
2 凉快 liángkuai 形 涼しい
3 大 dà 形 大きい ←→ 小 xiǎo 形 小さい
4 菠萝 bōluó 名 パイナップル

早速中国語で書いてみよう

① 彼のかばんは私の（かばん）よりも大きい[3]。
② 私が作った餃子は母が作った餃子よりも美味しい。
③ このリンゴはパイナップル[4]ほど甘くない。

2 お金の表現

123

書き言葉	元 yuán	角 jiǎo	分 fēn
話し言葉	块 kuài	毛 máo	

124

1) 三百一十元 sānbǎi yīshí yuán
三百一十块 sānbǎi yīshí kuài

2) 一共[5]多少钱[6]？ Yígòng duōshao qián?
—— 二十块。 —— Èrshí kuài.

3) 多少钱一盒？ Duōshao qián yì hé?
—— 十块一盒。 —— Shí kuài yì hé.

4) 您怎么支付[7]？ Nín zěnme zhīfù?
用现金[8]还是刷卡[9]？ Yòng xiànjīn háishi shuākǎ?
—— 我刷卡。 —— Wǒ shuākǎ.

5 一共 yígòng 副 全部で
6 多少钱 duōshao qián いくら
多少 duōshao 疑 どれほど
7 支付 zhīfù 動 支払う
8 现金 xiànjīn 名 現金
9 刷卡 shuā//kǎ カードで支払う
信用卡 xìnyòngkǎ 名 クレジットカード

3 前置詞“给”

🔊 125

	“给” +	受給者 +	動詞(句)
孔文	给	丁宁	买了两盒面膜。
Kǒng Wén	gěi	Dīng Níng	mǎi le liǎng hé miànmó.

1) 我给弟弟买了个手机。 Wǒ gěi dìdi mǎi le ge shǒujī.

2) 姐姐给客人倒[10]了一杯咖啡。 Jiějie gěi kèren dào le yì bēi kāfēi.

🔊 126

10 倒 dào 動 つぐ
11 毛衣 máoyī 名 セーター
12 件 jiàn 量 着、枚

早速中国語で書いてみよう

① あなたにお茶を（1杯）持ってきた。
② 母は父にセーター[11]を（1枚[12]）買った。

4 副詞“还”——追加

🔊 127

	副詞“还” +	動詞(句)
他	还	买了盒点心。
Tā	hái	mǎi le hé diǎnxin.

1) 田中会说韩语[13]，还会说法语。
Tiánzhōng huì shuō Hányǔ, hái huì shuō Fǎyǔ.

2) 妹妹吃了一个苹果，还吃了三个草莓。
Mèimei chī le yí ge píngguǒ, hái chī le sān ge cǎoméi.

🔊 128

13 韩语 Hányǔ 名 韓国語
14 意大利 Yìdàlì 名 イタリア
15 英国 Yīngguó 名 イギリス
16 橙汁 chéngzhī 名 オレンジジュース

早速中国語で書いてみよう

① 私はイタリア[14]に行きたい。それにイギリス[15]にも行きたい。
② 彼は牛乳を1杯飲んだ。それにオレンジジュース[16]を1杯飲んだ。

5 副詞“又”——繰り返し

🔊 129

	副詞“又” +	動詞(句)
你	又	乱花钱了。
Nǐ	yòu	luàn huā qián le.

1) 田中昨天又来了。 Tiánzhōng zuótiān yòu lái le.

2) 小李又买了一个手机。 Xiǎo-Lǐ yòu mǎi le yí ge shǒujī.

早速中国語で書いてみよう

① 弟はまた遊びに出かけた（出て行った）。
② 私はシャツ[17]をもう1枚買った。

🔊 130

17 衬衣 chènyī 名 シャツ

6 不定代名詞

🔊131

疑問詞は不定代名詞として使うことができる。
意味の重心（焦点）でないため、軽く発音する。

你也买<u>什么</u>了吧？ Nǐ yě mǎi shénme le ba?

あなたも<u>何か</u>買ったでしょう？

1) 红烧肉？我好像在哪儿吃过，很好吃。
Hóngshāoròu? Wǒ hǎoxiàng zài nǎr chī guo, hěn hǎochī.

2) 渴[18]了吧？咱们喝点儿什么吧。
Kě le ba? Zánmen hē diǎnr shénme ba.

3) 我想什么时候去英国看看。
Wǒ xiǎng shénme shíhou qù Yīngguó kànkan.

🔊132

18 渴 kě 形 のどが渇いている
19 本 běn 量 冊
20 借 jiè 動 借りる、貸す

早速中国語で書いてみよう

① 私たちはどこかでちょっと休憩を取りましょうか。
② 彼女は図書館から本を何冊[19]か借[20]りてきた。
③ 李さんはお昼にいくつか饅頭を食べた。

COLUMN

中国四大料理

日本の20倍以上の国土に56の民族が暮らす中国では、その悠久の歴史の中でさまざまな料理を生み出してきました。その中でも中国四大料理と呼ばれるものを簡単に紹介しましょう。

まずは、広東料理。「食は広州にあり」と称されるとおり、温暖な華南の豊かな海の幸、山の幸をふんだんに用いた料理が特色で、俗に「四つ足のものは机以外、飛んでるものは飛行機以外」は食べると言われるほど食材が豊富です。淡白な味付けが特徴で日本人の口によく合います。反対に四川料理は日本では考えられないほどの強烈な刺激があります。極寒の冬、酷暑の夏、高い湿度という厳しい自然に対抗するため山椒の辛さ（麻）と唐辛子の辛さ(辣)を極限まで利かしています。激辛スープで肉や野菜を煮込む火鍋が有名です。

上海料理は揚子江沿岸の江南地方の料理が上海で洗練されてできあがったもので、さっぱりとした味つけが特徴。北京料理は清朝の盛時に宮廷料理として発達しました。日本でも有名な北京ダックがその代表です。

TRAINING トレーニングコーナー

1 次のピンインに声調記号を付けて、発音してみましょう。 133

① Women zai nar he bei kafei ba?

② Pingguo jintian bi zuotian pianyi.

③ Wo mai de baor meiyou ta mai de gui.

④ Mama gei keren dao le yi bei chengzhi.

⑤ Wo qu guo Meiguo , hai qu guo Yingguo.

2 上の①～⑤を中国語の簡体字で書き、さらに日本語に訳しましょう。

① ＿＿＿＿＿＿＿＿ ［訳］

② ＿＿＿＿＿＿＿＿ ［訳］

③ ＿＿＿＿＿＿＿＿ ［訳］

④ ＿＿＿＿＿＿＿＿ ［訳］

⑤ ＿＿＿＿＿＿＿＿ ［訳］

3 正しい順番に並べ替え、さらに日本語に訳しましょう。

①［贵　周末　平时　房间　比］

＿＿＿＿＿＿＿＿ ［訳］

②［绿茶　她　给　还　你　盒　买了］

＿＿＿＿＿＿＿＿ ［訳］

③［去　玩儿　哪儿　吗　明天　你　打算］

＿＿＿＿＿＿＿＿ ［訳］

④［七折　打　香蕉　二十　块　便宜］

＿＿＿＿＿＿＿＿ ［訳］

⑤［用现金　刷卡　比　方便　支付］

＿＿＿＿＿＿＿＿ ［訳］

4 次の日本語を中国語に訳しましょう。

① 私は明日また来ます。

____

② このシャツはいくらですか。

____

③ 私はあなたの学校に電話を掛けました。

____

④ 彼女はまたチョコレートを 1 箱食べました。

____

⑤ コーヒーは紅茶よりも苦い（苦 kǔ）です。

____

5 次の下線部を埋めて、さらに日本語に訳しましょう。

① “双十一”她上网买了个包儿。那个包儿打九五________(5% 引き)，__________了 1000 日元。

［訳］

② 她________给自己买了个包儿。这个包儿________比现在用的漂亮。她________ ________她爸爸买了一个钱包（qiánbāo 财布）。

［訳］

6 次の絵について、［　］内の語句を使って作文しましょう。

①

［什么、吧］咱们_____点儿________。

②

［日元、盒］口罩（kǒuzhào マスク）__________。

③

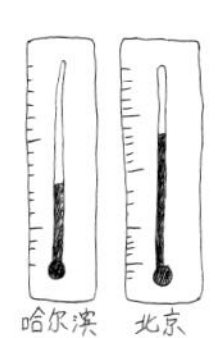

［比、凉快］哈尔滨______________。

④

［给、画］小林_____他_____了一张画儿。

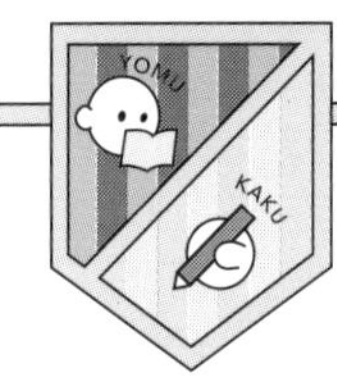

LESSON 9

第9课 Dì jiǔ kè 外面下雪了。 Wàimiàn xià xuě le.

短文 134

外面 下 雪 了。真 漂亮。我 和 孔 文 出去 堆 了 个 雪人。
Wàimiàn xià xuě le. zhēn piàoliang. Wǒ hé Kǒng Wén chūqu duī le ge xuěrén.

过 元旦 的 时候，孔 文 要 和 丁 宁 一起 去 滑雪。我 也 喜欢 滑雪，不过 现在 身边 没有 滑雪服 和 滑雪板。孔 文 说 可以 在 滑雪场 租 一 套。这 真是 太 好 了。
Guò Yuándàn de shíhòu, Kǒng Wén yào hé Dīng Níng yìqǐ qù huáxuě. Wǒ yě xǐhuan huáxuě, búguò xiànzài shēnbiān méiyǒu huáxuěfú hé huáxuěbǎn. Kǒng Wén shuō kěyǐ zài huáxuěchǎng zū yí tào. Zhè zhēnshi tài hǎo le.

你喜欢不喜欢滑雪？堆雪人呢？
Nǐ xǐhuan bù xǐhuan huáxuě? duī xuěrén ne?

単語 135

- 外面 wàimiàn 名 外、表
- 堆 duī 動 積み上げる
- 雪人 xuěrén 名 雪だるま
- 要 yào 助動 ～するつもりだ、しなければならない
- 身边 shēnbiān 名 身の回り
- 滑雪服 huáxuěfú 名 スキーウエア
- 滑雪板 huáxuěbǎn 名 スキーの板
- 可以 kěyǐ 助動 ～できる
- 滑雪场 huáxuěchǎng 名 スキー場
- 租 zū 動 (有料で) 借りる
- 套 tào 量 セット、一式
- 真是 zhēnshi 動 本当にまあ

1 存現文

🔊136

場所・時間 ＋ 存在・変化 ＋ 不定の出現物・存在物

外面 Wàimiàn　下 xià　雪 xuě　了。le.

1) 房间里有很多[1]行李[2]。　Fángjiān li yǒu hěn duō xíngli.

2) 墙[3]上贴[4]着[5]一张画儿。　Qiáng shang tiē zhe yì zhāng huàr.

3) 前面[6]走过来两个外国人[7]。　Qiánmiàn zǒu guolai liǎng ge wàiguórén.

🔊137

1 多 duō 形 多い、多く
2 行李 xíngli 名 荷物
3 墙 qiáng 名 壁
4 贴 tiē 動 貼る
5 着 zhe 助 ～ている、～てある、～したままの状態にある
6 前面 qiánmiàn 名 前、前方
7 外国人 wàiguórén 名 外国人
8 太阳 tàiyang 名 太陽
9 会议室 huìyìshì 名 会議室
10 辆 liàng 量 台（車に用いる）
11 停车 tíng//chē 動 車を止める、駐車する
12 小孩儿 xiǎoháir 名 子供

早速中国語で書いてみよう

① 外では日[8]が出た。
② 会議室[9]の中に3人の留学生がいる。
③ 前方には2台[10]の車が停[11]まっている。
④ 彼の家にはたくさんの子供[12]が来ている。

2 助動詞“要”——意志・必要性

🔊138

助動詞“要” ＋ 動詞（句）

孔文 Kǒng Wén　要 yào　和丁宁一起去滑雪。hé Dīng Níng yìqǐ qù huáxuě.

1) 我妹妹要喝可乐[13]。　Wǒ mèimei yào hē kělè.

2) 你要吃哪个？　Nǐ yào chī nǎge?

3) 我们要早[14]起[15]早睡。　Wǒmen yào zǎo qǐ zǎo shuì.

4) 学外语[16]要多查[17]词典[18]。　Xué wàiyǔ yào duō chá cídiǎn.

🔊139

13 可乐 kělè 名 コーラ飲料
14 早 zǎo 形 早い、早く
15 起 qǐ 動 起きる
16 外语 wàiyǔ 名 外国語
17 查 chá 動 調べる、辞書などをひく
18 词典 cídiǎn 名 辞書
19 带 dài 動 持つ、引き連れる

早速中国語で書いてみよう

① 彼はフランス語を学ぶつもりでいる。あなたは？
② あなたはどの携帯を買いたいですか。
③ 明日は5時に出発しなくてなりません。
④ あなたは明日も傘を持[19]たなくてなりません。

3 助動詞“可以”——許可・提案

🔊 140

助動詞“可以” ＋ 動詞(句)

你 可以 在滑雪场租一套。
Nǐ kěyǐ zài huáxuěchǎng zū yí tào.

1) 这里可以拍照。 Zhèli kěyǐ pāizhào. 🔊 141

2) 这里的漫画可以随便[20]看。 Zhèli de mànhuà nǐ kěyǐ suíbiàn kàn.

3) 你找[21]他吗？你可以打他的手机试试。
Nǐ zhǎo tā ma? Nǐ kěyǐ dǎ tā de shǒujī shìshi.

4) 打车太贵，你可以坐地铁去。 Da chē tài guì, nǐ kěyǐ zuò dìtiě qù.

20 随便 suíbiàn 形 気軽である
21 找 zhǎo 動 探す

早速中国語で書いてみよう

① ここに座っても良いです。
② 今出て（行って）も良いです。
③ 辞書を調べてみると良いと思います。
④ お父さんに聞いてみると良いと思います。

4 正反疑問文

🔊 142

肯定形 ＋ 否定形

你 喜欢 不喜欢 滑雪？
Nǐ xǐhuan bu xǐhuan huáxuě?

1) 你今天忙不忙？ Nǐ jīntiān máng bu máng?

2) 你冬天吃不吃冰激凌？ Nǐ dōngtiān chī bu chī bīngjīlíng?

3) 她会不会说汉语？ Tā huì bu huì shuō Hànyǔ?

早速中国語で書いてみよう

🔊 143

① 夏は暑いですか。
② あなたはビール[22]を飲みますか。
③ 明日は試合[23]がありますか。

22 啤酒 píjiǔ 名 ビール
23 比赛 bǐsài 名 試合

✔ 正反疑問文、“吗” 疑問文、“吧” 疑問文の違い

A. 你吃不吃榴莲[24]？　Nǐ chī bu chī liúlián?

——× 不，我不吃榴莲。

B. 你吃榴莲吗？　Nǐ chī liúlián ma?

——不，我不吃榴莲。　—— Bù, wǒ bù chī liúlián.

C. 你吃榴莲吧？　Nǐ chī liúlián ba?

——不，我不吃榴莲。　—— Bù, wǒ bù chī liúlián.

話し手の判断の度合いが通常 A ＜ B ＜ C。

24 榴莲 liúlián 名 ドリアン

COLUMN

中国の食文化

中国の大学生も日本と同じように昼飯時になると、校内の食堂や大学周辺の店で食事をします。そうした時、日本では見本として提示されたサンプルを見て、A ランチ、B ランチと注文することが多いですが、中国の食堂にはそうした定食にあたるものはまずありません。そのかわり配膳台に並べられたたくさんのお皿の中から好みのものを取るか、調理している人に自分の好みのおかずを注文して食べるのが一般的です。つまり、日本のレディーメイドに対して中国はオーダーメイドと言えるかもしれません。

そうしたやり方は、最近若者たちに人気の麻辣烫（マーラータン）でも同じで、かれらはラーメンに入れる具材を肉類、魚介類、野菜、キノコなど一つ一つ選びます。最後は主役の麺も通常の小麦麺、卵を練り込んだ麺、平たい麺、米粉麺、即席ラーメンの麺など、いろいろな種類の中から自分の好みにしたがって選びます。有名店のラーメンをみんなで食べる日本式と、一人一人が自分好みのラーメンをアレンジする中国式、対照的ですね。

TRAINING トレーニングコーナー

1 次のピンインに声調記号を付けて、発音してみましょう。 144

① Wo he didi chuqu dui le ge xueren.

② Huiyishi li you hen duo xuesheng.

③ Jintian hen leng, baba yao he baijiu.

④ Ni xihuan bu xihuan chi zhongguocai?

⑤ Zheli keyi bu keyi paizhao?

2 上の①～⑤を中国語の簡体字で書き、さらに日本語に訳しましょう。

① ＿＿＿＿＿＿＿＿ ［訳］

② ＿＿＿＿＿＿＿＿ ［訳］

③ ＿＿＿＿＿＿＿＿ ［訳］

④ ＿＿＿＿＿＿＿＿ ［訳］

⑤ ＿＿＿＿＿＿＿＿ ［訳］

3 正しい順番に並べ替え、さらに日本語に訳しましょう。

① ［我们　堆　个　雪人　出去　了］

＿＿＿＿＿＿＿＿ ［訳］

② ［出　太阳　前面　了］

＿＿＿＿＿＿＿＿ ［訳］

③ ［可以　你　租　穿　一套］

＿＿＿＿＿＿＿＿ ［訳］

④ ［放　着　桌子上　几　本　漫画］

＿＿＿＿＿＿＿＿ ［訳］

⑤ ［小孩儿　一个　前面　了　来］

＿＿＿＿＿＿＿＿ ［訳］

4 次の日本語を中国語に訳しましょう。

① 弟は餃子を食べたがっています。

____

② 私の家に２人の外国人が来ました。

____

③ このパソコンは高いですか。

____

④ タクシーで行っても良いです。

____

⑤ ２階には５つの部屋があります。

____

5 次の下線部を埋めて、さらに日本語に訳しましょう。

① 星期天我________和哥哥一起________钓鱼（diào//yú 魚を釣る），不过（búguò ただし、ただ）还没有鱼竿（yúgān 釣りざお）。

［訳］

....

② 听说（tīngshuō 聞くところによると～だそうだ）__________在海边（hǎibiān 海辺）租一________。这真是__________了。

［訳］

....

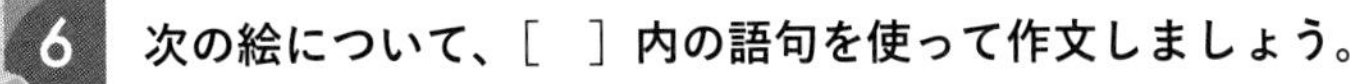

6 次の絵について、［　］内の語句を使って作文しましょう。

①

［贴、着］门（mén ドア）上________对联。
duìlián
対聯

②

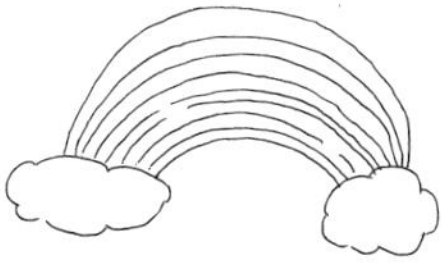

［出、了］______彩虹（cǎihóng 虹）______。

③

［可以］你______________这儿等他。

④

［喝、不喝］你______________？

LESSON 10 第10课 Dì shí kè 今天玩儿得很开心。

Jīntiān wánr de hěn kāixīn.

短文 145

今天孔文带我和丁宁去滑雪。滑雪场里的人不少，非常热闹。我们今天玩儿得很开心。

Jīntiān Kǒng Wén dài wǒ hé Dīng Níng qù huáxuě. Huáxuěchǎng li de rén bùshǎo, fēicháng rènao. Wǒmen jīntiān wánr de hěn kāixīn.

有机会的话，我们还想一起去爬富士山。富士山七八月份去最好，我们几个人说不定能爬到山顶。到时候我来当向导。

yǒu jīhui dehuà, wǒmen hái xiǎng yìqǐ qù pá Fùshì Shān. Fùshì Shān qī bā yuèfèn qù zuì hǎo, wǒmen jǐ ge rén shuōbudìng néng pá dào shāndǐng. Dào shíhou wǒ lái dāng xiàngdǎo.

你也爬过富士山吗？
Nǐ yě pá guo Fùshì Shān ma?

你爬到山顶了吗？
Nǐ pá dào shāndǐng le ma?

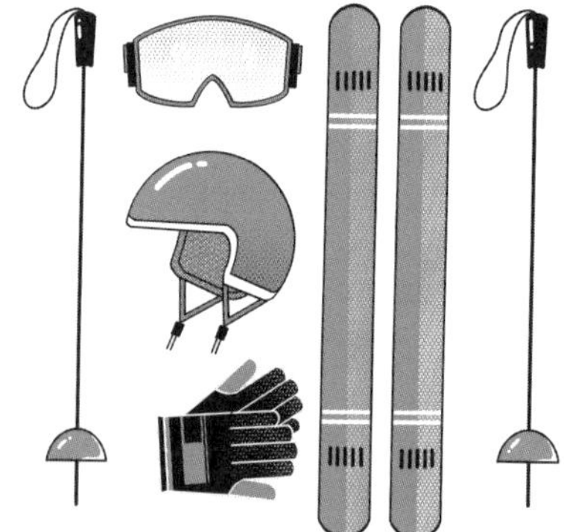

単語 146

- 得 de 助 特徴や程度についての評価を表す補語を導く
- 开心 kāixīn 形 楽しい
- 不少 bùshǎo 形 多い
- 热闹 rènao 形 賑やかである
- 机会 jīhui 名 機会、チャンス
- 富士山 Fùshì Shān 名 富士山
- 月份 yuèfèn 名 月、月順
- 说不定 shuōbudìng 副 ひょっとしたら〜かもしれない
- 能 néng 助動 〜できる
- 山顶 shāndǐng 名 山頂
- 到时候 dào shíhou その時には
- 来 lái 動 動作に取り組む積極的な姿勢を示す
- 当 dāng 動 〜になる
- 向导 xiàngdǎo 名 案内人、ガイド

1 様態補語

🔊147

	動詞	+	"得"	+	形容詞句
我们今天	玩儿		得		很开心。
Wǒmen jīntiān	wánr		de		hěn kāixīn.

1) 妈妈星期五回来得很晚[1]。　Māma xīngqīwǔ huílai de hěn wǎn.

2) 妹妹（唱）歌儿唱得很好。　Mèimei (chàng) gēr chàng de hěn hǎo.

✔ 様態補語の否定は、通常 "動詞＋'得'＋'不'＋形容詞" の形となる。

1) 妈妈星期一回来得不晚。　Māma xīngqīyī huílai de bù wǎn.

2) 姐姐（唱）歌儿唱得不太[2]好。　Jiějie (chàng) gēr chàng de bú tài hǎo.

✔ 様態補語は一般の形容詞述語文同様、対比の文脈でない場合、通常程度副詞を伴う。

小李跑[3]得快，(小王跑得慢[4]。)　〈対比のニュアンス〉
Xiǎo-Lǐ pǎo de kuài, (Xiǎo-Lǐ pǎo de màn.)

小李跑得很快。　〈一般の叙述〉
Xiǎo-Lǐ pǎo de hěn kuài.

🔊148

1 晚 wǎn 形 遅い
2 不太 bútài あまり～ではない
3 跑 pǎo 動 走る
4 慢 màn 形 遅い、ゆっくりである
5 打扮 dǎban 動 着飾る

早速中国語で書いてみよう

① 李さんは走るのが速い。
② 彼女はきれいに着飾[5]っている。
③ このケーキは美味しく作られている。

2 主題化構文

🔊149

主題＝動作の対象（受動者）など	
富士山	七八月份去最好。
Fùshì Shān	qī bā yuèfèn qù zuì hǎo.

1) 这种茶我没喝过。　Zhè zhǒng chá wǒ méi hē guo.

2) 榴莲在哪儿买？　Liúlián zài nǎr mǎi?

3) 电脑买了，打印机[6]没买。　Diànnǎo mǎi le, dǎyìnjī méi mǎi.

🔊150

6 打印机 dǎyìnjī 名 プリンター

早速中国語で書いてみよう

① 白酒を私は飲まない。
② この本を私は読んだことがある。
③ 香港へ私は今年の夏に行くつもりだ。

3 助動詞“能”——潜在能力や条件に基づく可能性

◀)) 151

	“能” +	動詞句
我们说不定	能	爬到山顶。
Wǒmen shuōbudìng	néng	pá dào shāndǐng.

1) 听说他能跑十几公里。 Tīngshuō tā néng pǎo shí jǐ gōnglǐ.

2) 我能喝五杯，你呢？ Wǒ néng hē wǔ bēi, nǐ ne?

早速中国語で書いてみよう

① 弟は荷物を 5 つ持てます。

② あなたは今日行けますか。——行けます。今日は暇です。

4 結果補語

◀)) 152

	動詞 +	形容詞・自動詞（句）
我们	爬	到山顶了。
Wǒmen	pá	dào shāndǐng le.

1) 礼物买到[7]了。 Lǐwù mǎi dào le.

2) 草莓都[8]吃完[9]了。 Cǎoméi dōu chī wán le.

✔ 結果補語の否定は、通常“‘没’＋動詞＋形容詞・自動詞”の形となる。

3) 钱包还没找着[10]。 Qiánbāo hái méi zhǎo zháo.

4) 你吃饱[11]了吗？ Nǐ chī bǎo le ma?

——等一下，我还没吃饱。 —— Děng yíxià, wǒ hái méi chī bǎo.

早速中国語で書いてみよう

① 彼は眠ってしまった。

② 聞こえたか[12]。——まだ聞こえていない。

◀)) 153

7 到 dào [動] 動詞の補語となり、動作の結果や目的が達成されることを表す
拿到 ná//dào [動] 手に入る
8 都 dōu [副] いずれも、みな
9 完 wán [動]（動詞の補語となり）～し終わる
10 着 zháo [動]（動詞の補語となり）～つく
睡着 shuì//zháo 寝付く、眠る
找着 zhǎo//zháo 探し当てる、見つかる
11 饱 bǎo [形] 腹がいっぱいである
12 见 jiàn [動]（動詞の補語となり）感じ取る
听见 tīng//jiàn 聞こえる
看见 kàn//jiàn 見える

5 "来"の副詞的用法――積極性

154

	"来"	+ 動詞句
我	来	当向导。
Wǒ	lái	dāng xiàngdǎo.

1) 我来介绍[13]一下。这是我爸爸，这是我妈妈。
Wǒ lái jièshào yíxià. Zhè shì wǒ bàba, zhè shì wǒ māma.

2) 您坐后面[14]，我来开车吧。 Nín zuò hòumiàn, wǒ lái kāichē ba.

155

13 介绍 jièshào 動 紹介する
14 后面 hòumiàn 名 後方、後ろ
15 下次 xiàcì 名 次回
16 买单 mǎidān 動 勘定を払う

早速中国語で書いてみよう

① 私があなたたちに写真を撮ってあげましょう。
② 次回[15]はあなたがおごり、今回は私が支払い[16]ましょう。

COLUMN

中国の住宅事情

中国を旅していて驚くことの一つは、街中に広がるマンション群の壮大さです。高鉄に乗ると大きな街の中心部から郊外にかけて、つぎつぎと 20 階、30 階建てのマンション群が現れます。その数を見て、初めての日本人は必ず度肝を抜かれます。さすが人口 14 億人の国、スケールが違います。

日本のような一戸建ての家はあまり見られず、たいていの人はマンションに部屋を買って住みます。バブル景気でその値段は高騰して、北京上海などの大都会では「億ション」といわれる場所も珍しくありません。

中国では、マンションの販売は部屋の型ができあがったときにおこなわれるので、壁や床などの内装は購入した人が専門の業者に発注して行うのがふつうです。だから、同じマンションに部屋があっても、部屋の様子はそれぞれで、日本のようにお隣も同じ模様の同じつくり、なんてことは絶対にありません。ここでも中国人の他人と完全に同じものは嫌だという意識が出ているように思います。

TRAINING トレーニングコーナー

1 次のピンインに声調記号を付けて、発音してみましょう。 156

① Zuotian gege dai wo he meimei qu kan dianying le.

② Ni pa dao shanding le ma?

③ Ta de huar hua de hen piaoliang.

④ Ni jintian neng he jiu ma?

⑤ Wo lai jieshao yixia ta.

2 上の①～⑤を中国語の簡体字で書き、さらに日本語に訳しましょう。

① ________ ［訳］________

② ________ ［訳］________

③ ________ ［訳］________

④ ________ ［訳］________

⑤ ________ ［訳］________

3 正しい順番に並べ替え、さらに日本語に訳しましょう。

①［吃　了　饱　吗　你］

________ ［訳］________

②［听　了　见　这次　我］

________ ［訳］________

③［这　合影　张　拍　很好　得］

________ ［訳］________

④［一起　能　去　他　吗］

________ ［訳］________

⑤［吃　完　饺子　都　了］

________ ［訳］________

4 次の日本語を中国語に訳しましょう。

① 私が彼に連絡しましょう。

____

② 妹はまだ眠っていません。

____

③ 私が運びましょう。

____

④ 彼は少なからず飲めます。

____

⑤ 祖母は歩くのが速いです。

____

5 次の下線部を埋めて、さらに日本語に訳しましょう。

① 今天哥哥________我去海边钓鱼。去的人不多，我们钓________了不少鱼，玩儿________很开心。

［訳］

② 我旁边的人说他会游泳，而且（érqiě しかも）游______很快，______游十公里。

［訳］

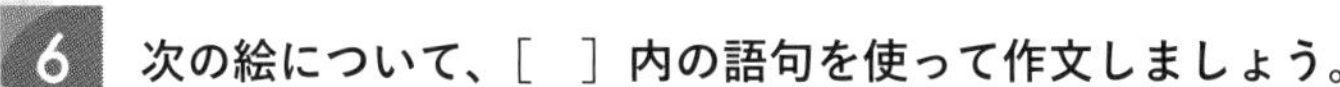

6 次の絵について、［　］内の語句を使って作文しましょう。

①

［得、快］弟弟 ______________。

②

［买、到］词典卖（mài 売る）完了，______。

③

［能、了］姐姐的腿（tuǐ 足）好了，她又______。

④

［来、拿］行李我______________吧。

LESSON 11 第11课 Dì shíyī kè 我下个月就要回国了。

Wǒ xià ge yuè jiùyào huí guó le.

短文 157

时间 过 得 真 快，我 下个月 就要 回国 了。
Shíjiān guò de zhēn kuài, wǒ xià ge yuè jiùyào huí guó le.

孔 文 让 我 去 他 家 包 饺子。我 很 快 就 学会 了，可是 丁 宁 总是 包 不 好。她 把 我 包 的 饺子 用 手机 拍 了 下来。
Kǒng Wén ràng wǒ qù tā jiā bāo jiǎozi. Wǒ hěn kuài jiù xuéhuì le, kěshì Dīng Níng zǒngshì bāo bu hǎo. Tā bǎ wǒ bāo de jiǎozi yòng shǒujī pāi le xialai.

饺子 端 上来 后，叔叔 提议 大家 干 一 杯。他 祝 我 学业 顺利，也 祝 大家 身体 健康。
Jiǎozi duān shanglai hòu, shūshu tíyì dàjiā gān yì bēi. Tā zhù wǒ xuéyè shùnlì, yě zhù dàjiā shēntǐ jiànkāng.

你也会包饺子吗？
Nǐ yě huì bāo jiǎozi ma?

几个朋友一起包饺子会很开心。
Jǐge péngyou yìqǐ bāo jiǎozi huì hěn kāixīn.

単語 158

- 下个月 xià ge yuè 名 来月 ⟷ 上个月 shàng ge yuè 名 先月、这个月 zhè ge yuè 名 今月
- 就 jiù 副 すぐ
- 要 yào 助動 ～しそうだ、～するだろう
- 就要 jiùyào 副 まもなく
- 回国 huí guó 帰国する
- 过 guò 動 知らせる（時間が）経つ
- 让 ràng 動 ～させる
- 可是 kěshì 接続 しかし
- 总是 zǒngshì 副 いつも
- 把 bǎ 前置 ～を（～する）
- ～下来 xialai 補語 動作が完了した結果、安定した形で残存することを表す
- 端 duān 動 水平に保つようにして持つ
- 提议 tíyì 動 提案する
- 干杯 gān//bēi 動 乾杯する
- 祝 zhù 動 祈る
- 学业 xuéyè 名 学業
- 顺利 shùnlì 形 物事が順調に運ぶ
- 大家 dàjiā 代 みんな、みなさん
- 身体 shēntǐ 名 体
- 健康 jiànkāng 形 健康的である

1 近接未来の“要 / 快～了”

159

	（未来の時間詞）	“要 / 快～了”
我	下个月	要回国了。
Wǒ	xià ge yuè	yào huí guó le.
我	（×下个月）	快回国了。
Wǒ		kuài huí guó le.

1）下星期[1]要考试[2]了。 Xià xīngqī yào kǎoshì le.

2）姐姐明年要毕业[3]了。 Jiějie míngnián yào bìyè le.

3）快到天津了。 Kuài dào Tiānjīn le.

4）快十二点了，我们去吃饭吧。
Kuài shí'èr diǎn le, wǒmen qù chīfàn ba.

160

1 **下星期** xià xīngqī 名 来週
上星期 shàng xīngqī 名 先週
这星期 zhè xīngqī 名 今週
2 **考试** kǎoshì 動 試験をする、試験を受ける
3 **毕业** bì//yè 動 卒業する

早速中国語で書いてみよう

① 彼女たちはいよいよ 3 日後に出発します。
② 佐藤さんのお父さんは来年いよいよ日本に帰ります。
③ 先生がそろそろ来ます。
④ 豚肉の醤油煮込みはもうすぐ食べ終わります。

2 使役文

161

A	+	“让”	+	B	+	動詞句
孔文		让		我		去他家包饺子。
Kǒng Wén		ràng		wǒ		qù tā jiā bāo jiǎozi.

1）哥哥不让我玩儿手机。 Gēge bú ràng wǒ wánr shǒujī.
（“让～”：許容使役）

2）妈妈叫弟弟去送[4]钥匙[5]。 Māma jiào dìdi qù sòng yàoshi.
（“叫～”：強制使役）

162

4 **送** sòng 動 届ける
5 **钥匙** yàoshi 名 鍵

早速中国語で書いてみよう

① 父は私たちを海辺へ遊びに行かせてくれない。
② 私は王さんに手伝いに来るよう呼ばれている。
（王さんは私を手伝いに来させる）

3 可能補語

◀)) 163

	動詞	+	"不"	+	自動詞・形容詞
丁宁	包		不		好。
Dīng Níng	bāo		bu		hǎo.

1) 一个人拿不动[6]吧？ Yí ge rén nábudòng ba?

2) 字[7]太小，我看不见。 Zì tài xiǎo, wǒ kànbujiàn.

✔ 可能補語の肯定形は、主に疑問文に使われ、平叙文ではあまり現れない。

3) 这个人的汉语，你听得懂[8]吗？
Zhè ge rén de Hànyǔ， nǐ tīngdedǒng ma?

4) 这里喝得到抹茶吗？——喝不到。
Zhèli hēdedào mǒchá ma?—— Hēbudào.

◀)) 164

6 动 dòng 動 ～動かせる
拿得 / 不动 náde/budòng 持てる／持てない
7 字 zì 名 字
8 懂 dǒng 動 （動詞の補語となり）理解する、身につけている
9 了 liǎo 動 （動詞の補語となり）～しきれる
10 酒量 jiǔliàng 名 酒量
11 行 xíng 形 すばらしい、有能である
⟷ 不行 bùxíng 形 よくない、だめだ

早速中国語で書いてみよう

① 私はフランス語が聞き取れません。
② 5 個ですか？私は食べきれ[9]ない。

✔ 3 種類の補語の違い

様態補語	結果補語	可能補語
小李今天喝得很多。 Xiǎo-Lǐ jīntiān hē de hěn duō.	小李今天喝多了。 Xiǎo-Lǐ jīntiān hē duō le.	
小李今天喝得不多。 Xiǎo-Lǐ jīntiān hē de bù duō.	小李今天没喝多。 Xiǎo-Lǐ jīntiān méi hē duō.	小李喝不多。他酒量[10]不行[11]。 Xiǎo-Lǐ hē bu duō. Tā jiǔliàng bùxíng.
	小李爬上去了。 Xiǎo-Lǐ pá shangqu le.	小李爬得上去。 Xiǎo-Lǐ pá de shangqu.
	小李没爬上去。 Xiǎo-Lǐ méi pá shangqu.	小李爬不上去。 Xiǎo-Lǐ pá bu shangqu.

4 前置詞“把” 165

“把” ＋ 処置の対象 ＋ 動詞句（動詞＋補語など）

她	把	我包的饺子	拍了	下来。
Tā	bǎ	wǒ bāo de jiǎozi	pāi le	xialai.

1) 把啤酒喝完，包子带回去吧。
Bǎ píjiǔ hē wán, bāozi dài huiqu ba.

2) 我把手机忘[12]在家里了。
Wǒ bǎ shǒujī wàng zài jiāli le.

3) 他把书还[13]给图书馆了。
Tā bǎ shū huán gěi túshūguǎn le.

166
12 忘 wàng 動 忘れる
13 还 huán 動 返却する
14 作业 zuòyè 名 宿題
15 写 xiě 動 書く

早速中国語で書いてみよう

① 今日は宿題[14]を書き[15]終えなくてはならない。
② お菓子をあそこに置いてきた。
③ 兄はテーブルを部屋の中へ運んで（入って）きた。

COLUMN

中国のファッション

日本を訪れる外国人、特に女性たちに日本の着物がたいへん人気なのは有名な話です。なかでも簡単に着られる浴衣は中国でも通販で手軽に手に入るほどです。最近は中国の大学でも学園祭が開かれるようになってきましたが、そういう時に日本語専攻の女子学生たちが色とりどりの浴衣を着ている場面によく出会います。

その和服を扱うお店が昭和の頃までは、「呉服屋」と呼ばれていたことを知っていますか。呉というのは三国時代（3世紀頃）の中国の国です。養蚕の盛んな土地で、そこの絹織物がたくさん日本に入ってきたみたいです。

着物以外で女子学生に人気が高いのは、なんと日本の高校生の制服です。中国の大学のキャンパスを歩いていると、そういうJKルックで歩いている学生にしばしば出会います。日本のアニメやTVドラマで制服の存在を知った学生が通販で手に入れているようです。レンタルのお店もあるようで、大学の卒業写真でクラスの女子学生たちが全員自分のお気に入りのJK制服で並んでいる光景はなんともおもしろいものです。

TRAINING トレーニングコーナー

1 次のピンインに声調記号を付けて、発音してみましょう。 167

① Women xia xingqi yao biye le.

② Mama kuai huilai le.

③ Na ge liuxuesheng de Hanyu ni tingdedong ma?

④ Na ge xuesheng ba diannao ban dao jiaoshi li lai le.

⑤ Kong Wen rang wo ba zhe ben shu song guoqu.

2 上の①～⑤を中国語の簡体字で書き、さらに日本語に訳しましょう。

① ________________ [訳] ________________

② ________________ [訳] ________________

③ ________________ [訳] ________________

④ ________________ [訳] ________________

⑤ ________________ [訳] ________________

3 正しい順番に並べ替え、さらに日本語に訳しましょう。

① [得　很　快　时间　过]

________________ [訳] ________________

② [他们　上海　回　要　下个月]

________________ [訳] ________________

③ [我　包　包　饺子　不　好]

________________ [訳] ________________

④ [我　你　让　不　去]

________________ [訳] ________________

⑤ [让　我　他　休息　多]

________________ [訳] ________________

4 次の日本語を中国語に訳しましょう。

① 餃子を運んできました。

____

② もうすぐ雪が降るでしょう。

____

③ 健康でありますように、乾杯！

____

④ 彼はすぐにマスターしました。

____

⑤ 砂糖を多めに入れてください。

____

5 次の下線部を埋めて、さらに日本語に訳しましょう。

① 下星期＿＿＿＿回国了，老师＿＿＿＿我们今天去他家吃饭。

［訳］

② 大家坐好后，老师＿＿＿＿大家＿＿＿＿一杯。

他＿＿＿＿我们学业＿＿＿＿，身体＿＿＿＿。

［訳］

6 次の絵について、［　］内の語句を使って作文しましょう。

①

［让］妹妹＿＿＿＿＿＿。

②

［生日、了］她七月十二号＿＿＿＿＿＿。
shēngrì
誕生日

③

［了］菜太多，我＿＿＿＿＿＿。

④

［把、进来］快＿＿＿＿＿＿。

語句索引 

数字は課を示す。

放假	fàngjià	5
房间	fángjiān	5
非常	fēicháng	4
飞机	fēijī	3
分	fēn	3,8
风	fēng	7
风景	fēngjǐng	7
副	fù	8
附近	fùjìn	2
富士山	Fùshì Shān	10
复印机	fùyìnjī	2

G

干杯	gān//bēi	11
个	ge	2
哥哥	gēge	3
歌儿	gēr	7
给	gěi	8
公交车	gōngjiāochē	3
公斤	gōngjīn	6
公里	gōnglǐ	6
公司	gōngsī	3
工作	gōngzuò	7
姑姑	gūgu	3
贵	guì	6
贵姓	guìxìng	1
过	guo	5
过	guò	3,6,11
过节	guò//jié	3
国庆节	Guóqìngjié	5

H

哈尔滨	Hā'ěrbīn	7
还	hái	5,8
海边	hǎibiān	9
海淀	Hǎidiàn	1
还是	háishi	6
韩国	Hánguó	5
韩国人	Hánguórén	1
韩语	Hányǔ	8
汉语	Hànyǔ	3
好	hǎo	2
号	hào	3
好吃	hǎochī	4
好喝	hǎohē	4
好听	hǎotīng	4
好像	hǎoxiàng	5
喝	hē	1
和	hé	4
盒	hé	6
河	hé	4
合影	héyǐng	7
很	hěn	4
红茶	hóngchá	1
红烧肉	hóngshāoròu	3
后	hòu	4
后面	hòumiàn	10
后天	hòutiān	3
花	huā	7
画	huà	6
画儿	huàr	6
滑雪	huá//xuě	5
滑雪板	huáxuěbǎn	9
滑雪场	huáxuěchǎng	9
滑雪服	huáxuěfú	9
还	huán	11
回	huí	6
会	huì	3,7
回国	huí guó	11
会议室	huìyìshì	9

J

几	jǐ	2
机会	jīhuì	10
季节	jìjié	7
加	jiā	1
家	jiā	3
见	jiàn	10
件	jiàn	8
健康	jiànkāng	11
见面	jiàn//miàn	2
角	jiǎo	8
叫	jiào	1
教室	jiàoshì	6
饺子	jiǎozi	3
节	jié	2,3
借	jiè	8
姐姐	jiějie	3
介绍	jièshào	10
今年	jīnnián	3
今天	jīntiān	1
进	jìn	6
京剧	jīngjù	5
九	jiǔ	2
就	jiù	11
就要	jiùyào	11
舅舅	jiùjiu	3
酒量	jiǔliàng	11

K

咖啡	kāfēi	1
开车	kāi//chē	3
开心	kāixīn	10
看	kàn	2
看见	kàn//jiàn	10
考虑	kǎolǜ	5
考试	kǎoshì	11
渴	kě	8
课	kè	2
可爱	kě'ài	4
可乐	kělè	9
客人	kèren	7
可是	kěshì	11
可以	kěyǐ	9
空儿	kòngr	2
口罩	kǒuzhào	8
苦	kǔ	8
块	kuài	4,8
快	kuài	8

L

拉	lā	3
来	lái	10
缆车	lǎnchē	6
蓝牙	lányá	8
姥姥	lǎolao	3
老师	lǎoshī	1
姥爷	lǎoye	3
了	le	6,7
冷	lěng	7
里	li	2
李	Lǐ	2
理发	lǐfà	5
联系	liánxì	6
两	liǎng	2

辆	liàng	9
凉快	liángkuai	8
了	liǎo	11
聊天儿	liáo//tiānr	7
林	Lín	7
零	líng	2
六	liù	2
榴莲	liúlián	9
留学	liúxué	3
留学生	liúxuéshēng	1
礼物	lǐwù	4
楼	lóu	2
路	lù	5
乱	luàn	8
绿茶	lǜchá	1

M

吗	ma	1
妈妈	māma	3
买	mǎi	3
卖	mài	10
买单	mǎidān	10
麦当劳	Màidāngláo	7
慢	màn	10
漫画	mànhuà	5
忙	máng	4
毛	máo	8
毛衣	máoyī	8
没	méi	2
没有	méiyǒu	2
美	měi	7
美国	Měiguó	1
美国人	Měiguórén	1
妹妹	mèimei	2
门	mén	9
面膜	miànmó	8
明年	míngnián	7
明天	míngtiān	3
名字	míngzi	1
抹茶	mǒchá	8
母亲节	Mǔqīnjié	3

N

拿	ná	6
哪	nǎ	4
那	nà	4
拿不动	nábudòng	11
拿到	ná//dào	10
拿得动	nádedòng	11
奶奶	nǎinai	3
那里	nàli	4
哪里	nǎli	4
难	nán	4
那儿	nàr	4
哪儿	nǎr	2
呢	ne	2
能	néng	10
你	nǐ	1
你们	nǐmen	2
年级	niánjí	7
您	nín	1
柠檬	níngméng	1
牛奶	niúnǎi	1

P

爬	pá	5
爬山	pá//shān	5
拍	pāi	7
拍照	pāi//zhào	7
旁边	pángbiān	3
跑	pǎo	10
跑步	pǎo//bù	5
陪	péi	6
朋友	péngyou	2
啤酒	píjiǔ	9
便宜	piányi	5
漂亮	piàoliang	5
苹果	píngguǒ	3
平时	píngshí	8

Q

七	qī	2
起	qǐ	6,9
起床	qǐ//chuáng	2
钱	qián	8
钱包	qiánbāo	8
前面	qiánmiàn	9
墙	qiáng	9
巧克力	qiǎokèlì	1
茄子	qiézi	7
请	qǐng	6
请客	qǐngkè	6
请问	qǐngwèn	4
秋天	qiūtiān	7
去	qù	3

R

让	ràng	11
热	rè	4
人	rén	5
热闹	rènao	10
日	rì	3
日本	Rìběn	1
日本人	Rìběnrén	1
容易	róngyì	7

S

三	sān	2
散步	sàn//bù	5
三好学生	sānhǎo xuésheng	4
山顶	shāndǐng	10
上	shang	7
上	shàng	6
上个月	shàng ge yuè	11
上海	Shànghǎi	3
上课	shàngkè	2
商量	shāngliang	5
上面	shàngmiàn	7
上星期	shàng xīngqī	11
上网	shàng//wǎng	3
上午	shàngwǔ	2
谁	shéi	2
身边	shēnbiān	9
什么	shénme	1,8
身体	shēntǐ	11
生日	shēngrì	11
十	shí	2
是	shì	1
试	shì	6
事	shì	10
时候	shíhou	2
时间	shíjiān	2
瘦	shòu	6
手机	shǒujī	7
书	shū	4

刷卡	shuā//kǎ	8
水	shuǐ	4
水果	shuǐguǒ	4
睡	shuì	2
睡觉	shuì//jiào	2
睡着	shuì//zháo	10
顺利	shùnlì	11
说	shuō	3
说不定	shuōbudìng	10
叔叔	shūshu	3
双十一	Shuāng shíyī	8
四	sì	2
送	sòng	11
岁	suì	3
随便	suíbiàn	9

T

他	tā	1
她	tā	1
它	tā	2
他们	tāmen	2
她们	tāmen	2
它们	tāmen	2
台	tái	2
太	tài	5
太～了	tài~le	7
泰山	Tài Shān	5
太阳	tàiyang	9
糖	táng	1
套	tào	9
特别	tèbié	7
提议	tíyì	11
天	tiān	5
甜	tián	4
天津	Tiānjīn	7
田中	Tiánzhōng	7
条	tiáo	4
跳舞	tiào//wǔ	5
挑战	tiǎozhàn	6
体力	tǐlì	6
贴	tiē	9
听	tīng	3
停	tíng	7
停车	tíng//chē	9
听见	tīng//jiàn	10
听说	tīngshuō	9
同学	tóngxué	4
徒步	túbù	6
图书馆	túshūguǎn	6
腿	tuǐ	10

W

外国人	wàiguórén	9
外面	wàimiàn	9
外语	wàiyǔ	9
完	wán	10
晚	wǎn	10
晚上	wǎnshang	2
王	Wáng	1
往	wǎng	7
忘	wàng	11
玩儿	wánr	4
位	wèi	4
问	wèn	5
问题	wèntí	2
我	wǒ	1
我们	wǒmen	2
五	wǔ	2
乌龙茶	wūlóngchá	1

X

西瓜	xīguā	4
喜欢	xǐhuan	5
洗手间	xǐshǒujiān	4
洗澡	xǐ//zǎo	5
下	xià	6,7
下次	xiàcì	10
下个月	xià ge yuè	11
～下来	xialai	11
夏天	xiàtiān	4
下午	xiàwǔ	2
下星期	xià xīngqī	11
先	xiān	4
现金	xiànjīn	8
想	xiǎng	3
向导	xiàngdǎo	10
香港	Xiānggǎng	5
现在	xiànzài	3
小	Xiǎo	1
小	xiǎo	8
小孩儿	xiǎoháir	9
小时	xiǎoshí	6
写	xiě	11
辛苦	xīnkǔ	6
新闻	xīnwén	4
心意	xīnyì	4
信用卡	xìnyòngkǎ	8
行	xíng	11
姓	xìng	1
行李	xíngli	9
星期	xīngqī	2
星期三	xīngqīsān	2
休息	xiūxi	4
雪	xuě	6
雪人	xuěrén	9
学生	xuésheng	1
学习	xuéxí	2
学校	xuéxiào	7
学业	xuéyè	11

Y

要	yào	6,9,11
要不	yàobù	5
钥匙	yàoshi	11
也	yě	1
爷爷	yéye	3
一	yī	2
姨	yí	3
一般	yìbān	8
意大利	Yìdàlì	8
一点儿	yìdiǎnr	4
一定	yídìng	7
衣服	yīfu	5
一共	yígòng	8
一会儿	yíhuìr	4
一起	yìqǐ	2
一下	yíxià	6
音乐	yīnyuè	3
英国	Yīngguó	8
用	yòng	7
游	yóu	6
有	yǒu	2
又	yòu	8
有人	yǒu rén	7
幽默	yōumò	4

游戏	yóuxì	4
游泳	yóu//yǒng	5
雨	yǔ	7
鱼竿	yúgān	9
雨伞	yǔsǎn	3
元	yuán	8
远	yuǎn	5
元旦	Yuándàn	5
圆明园	Yuánmíngyuán	3
语伴	yǔbàn	1
月	yuè	3
月饼	yuèbing	4
月份	yuèfèn	10

Z

在	zài	3,7
咱们	zánmen	2
早	zǎo	9
怎么	zěnme	5
怎么样	zěnmeyàng	2
张	zhāng	6
着	zháo	10
找	zhǎo	9
找着	zhǎo//zháo	10
着	zhe	9
这	zhè	4
这次	zhècì	6
这星期	zhè xīngqī	11
这个月	zhè ge yuè	11
这里	zhèli	4
这儿	zhèr	4
真	zhēn	4
真是	zhēnshi	9
正好	zhènghǎo	3
支付	zhīfù	8
直达	zhídá	5
知道	zhīdao	5
钟	zhōng	6
中国	Zhōngguó	1
中国人	Zhōngguórén	1
中秋	Zhōngqiū	3
中文	zhōngwén	3
中午	zhōngwǔ	2
终于	zhōngyú	7
周末	zhōumò	5
祝	zhù	11
主意	zhǔyi/zhúyi	5
桌子	zhuōzi	6
字	zì	11
自己	zìjǐ	6
自习室	zìxíshì	2
总是	zǒngshì	11
走	zǒu	5
租	zū	9
最	zuì	7
坐	zuò	3
做	zuò	3
佐藤	Zuǒténg	1
昨天	zuótiān	3
作业	zuòyè	11

監修者
楊凱栄（Yáng Kǎiróng）東京大学名誉教授、専修大学特任教授

著者紹介
雷桂林（Léi Guìlín）桜美林大学グローバル・コミュニケーション学群准教授
山東大学卒業。東京大学大学院修士課程、博士課程修了。博士（学術）。中国語学、日中対照言語学専攻。著書に『中国語数量表現前置構文の意味機能』（東方書店、2020）、訳書に《汉语语法的语义和形式》（雷桂林・張佩茹・陳玥訳、商务印书馆、2018。原書木村英樹著『中国語の意味とかたち』、白帝社、2012）等。

賈黎黎（Jiǎ Lílí）東京大学教養学部特任准教授
山東大学卒業。北京外国語大学修士課程、博士課程修了。文学博士。日中対照言語学、日本語学専攻。著書に《量化形式的汉日对比研究》（北京語言大学出版社、2015）、《日汉笔译教程》（北京語言大学出版社、2011）、訳書に《日语基础语法新讲：描写语法导论》（賈黎黎・雷桂林訳、外语教学与研究出版社、2006。原書森山卓郎著『ここからはじまる日本語文法』、ひつじ書房、2000）等。

コラム	松代章
表紙画・挿絵	王安琪　林晨
表紙・本文デザイン	富田淳子
音声吹込	毛興華　王英輝

講読編　読む力・書く力を鍛える初級中国語

検印省略　© 2023年1月31日　初版発行

著　者　雷 桂林
賈 黎黎

発行者　小川　洋一郎
発行所　株式会社　朝日出版社
〒101-0065　東京都千代田区西神田3－3－5
電話（03）3239-0271･72（直通）
振替口座　東京　00140-2-46008
http://www.asahipress.com/
倉敷印刷

ISBN978-4-255-45377-4 C1087